Wolfgang Ferdinand Esch

Die Kunst zu leben

Wolfgang Ferdinand Esch

Die Kunst zu leben

Glaube
Liebe
Hoffnung

edition fischer

Bibliografische Information der Deutschen Nationalbibliothek
Die Deutsche Nationalbibliothek verzeichnet diese Publikation in der Deutschen Nationalbibliografie; detaillierte bibliografische Daten sind im Internet über http://dnb.d-nb.de abrufbar.

Orber Str. 30, 60386 Frankfurt/Main, Deutschland

Titelbild: © Kathleen Rekowski - Fotolia.com
Schriftart: Palatino
Herstellung: ef / bf
ISBN 978-3-86455-960-0

Inhalt

Die Kunst zu leben I

Die Kunst zu leben II

Die Kunst zu leben I

Vorwort

Wie kommt man auf dieses Thema? Einmal sind es die vielen Begegnungen mit Menschen und dann die Beobachtungen, was die täglichen Probleme der Menschen angeht und was zu deren Lösung führt – oder nicht! Es gibt nichts Schlimmeres als Unreflektiertheit, einfach alles laufen zu lassen, weil nie gelernt wurde zu leben.

Alles beginnt lange vor der Geburt und geht weiter über die Ermutigung in der Kindheit zu der folgenden Vorpubertät und Pubertät, den wichtigen Entwicklungsphasen. Da kommt großer Wagemut und Gestaltungsdrang auf. Psychische Krisen sind hier sehr häufig, Komasaufen dient oft als Fluchtweg. Die Jugend gilt vielen heute als ferngesteuerte Generation, denn Internet, Ohrstöpsel und Handy rauben zu sehr die Besinnungszeit, in der Gedanken einmal ganz frei den Problemen ausgesetzt werden, in der man zu hinterfragen lernt, sich das eigene Leben bewusst macht. Gerade in den Sturm- und Drangphasen entwickelt sich das Gehirn, die Grausubstanz, so enorm, die Synapsen docken an die Zellen an, wollen etwas leisten und vor allen Dingen keine Schädigung, sei es durch Drogen, Alkohol oder Medikamente. Leichtsinn in dieser Entwicklungszeit kann irreparabel sein! Und so kann man nicht genug darauf hinweisen, dass das gesunde Gehirn der größte Besitz ist.

In einer gesunden Kindheit entwickelt sich eine starke Psyche, nur sie kann gegen ungute Einflüsse bestehen. Leben will gelernt sein – leider sind die Chancen dafür nicht gleich verteilt. Die Lebensphasen heute sind mit denen früher kaum vergleichbar. Wer kann heute noch eine Lebensplanung vorlegen, egal ob hinsichtlich des Berufs oder der Familie? Da liegt es nahe, sich in Verdrängung zu flüchten. Je mehr der Mensch abgelenkt wird, desto geringer wird der Mut zu neuen Ideen. So sollen viele Aspekte der Entwicklung wie auch Wichtigkeiten, was die gesunde Menschwerdung angeht, angesprochen werden. Die Gefühle des Menschen sind sehr wichtig, ebenso der richtige Umgang damit. Respekt lernt ein Mensch früh, diese Umgangsform macht glücklich.

1. Was ist Leben?

Allgemein ist Leben Bewegung, Entwicklung, Veränderung. Hier geht es um den Menschen, die menschliche Existenz. Und glücklich kann der sein, der erleben darf, dass ihm Passagen der »Kunst des Lebens« vorgelebt werden, er so in die Kunst eingeführt wird. Dennoch, diese Kunst muss man selber lernen. Der Mensch, der Vertriebene aus dem Paradies, muss in der Welt lernen, seine Existenz zu behaupten und seine Einheit zu entwickeln. Nur noch ein Rest der instinktiven Anlagen sind beim Menschen vorhanden. Er ist gleichsam die mit Vernunft begabte Existenz. Eine Fülle von Einflüssen prägt ihn. Aber er hat die Chance, sein Leben mit den gemachten Erfahrungen und Erlebnissen, der Vernunft und seiner Begabung, neu aufzubauen. Er kann aus den Erfahrungen der Vergangenheit und der Gegenwart Neues konstruieren. Sein Bewusstsein lässt ihn erkennen, was Einsamkeit, Getrenntheit und seine Hilflosigkeit gegenüber Naturgewalten bedeuten. Der Mensch erfährt, was es bedeutet, von der Herde abgetrennt zu sein. Ebenso erfährt er aber auch, welch Glücksgefühl sich einstellen kann, wenn er seine Gaben und Fähigkeiten einsetzt, für sich und andere Menschen. Leben ist also auch etwas sehr Schöpferisches, die wesentliche Erfahrung eigenen Tuns.

Alles dies beginnt mit der symbiotischen Vereinigung der schwangeren Mutter mit dem Fötus, sie sind zwei und doch eins. Die Mutter lässt entstehen, sie gibt erste Prägung, psychische Eindrücke. So entsteht Neues. Dieses Neue sollte aus Liebe entstehen, denn es ist eine erste und wichtige Wurzel des neuen Lebens, Lust und Freude für den kommenden Menschen, sein Leben. Dies ist eine erste Antwort auf die Frage: Was ist Leben? Die Kunst des Lebens ist etwas, was man nur durch aufmerksames Lernen und ständiges Üben beherrschen kann.

2. Die vorgeburtliche Persönlichkeitsentwicklung

Gerade dieses Kapitel soll spätere Darstellungen verständlicher machen. Nachdem es zur Zeugung des neuen Menschenlebens gekommen ist, laufen in der Mutter sehr viele Prozesse ab. Alles wird gleichsam verkabelt. Ohne diesen Vorgang könnte nichts entstehen. Die Mutter gibt viel ab. Der rein körperliche Wachstumsprozess läuft ganz präzise ab. Was schon bald beginnt zu funktionieren, ist das Gehirn. In der Gehirnforschung ist man auf erstaunliche Prozesse gestoßen. Die Wahrnehmung des kleinen Fötus beginnt sehr früh. Geräusche, Stimmen und Gefühlsübertragung werden registriert.

Dies ist nicht ohne Bedeutung für die Zukunft. Auch schon während der Schwangerschaft kann der kleine Geist durch die Geräusche »vermüllt« und das entstehende Gehirn »verschmutzt« werden. Schwangerschaft bringt nicht nur Freude mit sich, manches will ganz neu bedacht sein. Es ist egal, ob es um die richtige Ernährung geht, Alkoholabstinenz, rauchfreie Umgebung, Teilnahme der Familie an der Schwangerschaftszeit. Schöne Musik freut nicht nur die Mutter, auch das neue Leben zeigt Reaktionen. Fernsehkonsum sollte besonders bedacht werden, Geräusche sowie die Gefühle der Mutter übertragen sich auf den Fötus, machen ihn unruhig oder zufrieden. Auch hat sich gezeigt, dass Mütter, die während der Schwangerschaft und Stillzeit auf Kaffee und Tee verzichteten, ruhige Kinder bekamen, die bald durchschlafen konnten.

Jeder Kontakt vor der Geburt kann positiv sein. Auch die Geschwister können am Bauch der Mutter schon die Reaktionen des Fötus spüren. Dass die Stimmen dieser Menschen jetzt schon Beruhigung und Lust entstehen lassen, zeigt, wie wichtig das Außenleben ist. Nach der Geburt kennt das Kind die Stimmen bereits und lässt sich von ihnen schneller beruhigen. Sich vor der Geburt mit dem Kind zu unterhalten, ist nur positiv. Welche Bedeutung die Einflüsse schon jetzt auf das Ungeborene haben, beginnt die Forschung mehr und mehr zu verstehen. Die Persönlichkeitsentwicklung des neuen Menschen beginnt im Mutterleib. Die körperliche wie die geistige Entwicklung werden geprägt.

3. Das Urvertrauen

Warum ist das Verhalten der kleinen Menschen so unterschiedlich? Da gibt es Säuglinge, die einen fröhlichen, andere, die einen traurigen Eindruck vermitteln. Mütter, die in der Schwangerschaft schöne, klassische Musik hörten, haben dazu beigetragen, dass bereits Gehirnregionen des Kindes gefördert wurden, welche für die weitere geistige Entwicklung wichtig sind. Die vorgeburtliche Förderung ist also nicht ohne Bedeutung. Was ist Urvertrauen? Kinder mit Urvertrauen haben etwas mit ins Leben gebracht, was sie stark sein lässt. Das gilt nicht nur in der Kindheit, nein, auch in den Jugendjahren entscheiden Menschen mit Urvertrauen anders, sicherer. Urvertrauen ist also etwas, was Motivation, Lust, Freude und Empfindsamkeit mehr Raum gibt als Pessimismus. Es gibt der jungen Persönlichkeit Mut, nach Lösungen zur Lebensgestaltung und Problembewältigung zu suchen.

Urvertrauen ist etwas, was der Mensch mitbringt. Es später noch nachzuholen, ist schwer. Persönlichkeitsentwicklung nimmt bereits im Mutterleib seinen Anfang. Das Gemeinschaftsgefühl der Familie trägt zur weiteren Stärkung bei. Jegliche Sozialisierungsprozesse mit geliebten oder anerkannten Menschen sind sehr wichtig und sollten daher unterstützt werden. Auch Kinder sind Sozialwesen und brauchen viele und gute Kontakte.

4. Das Glück der persönlichkeitsbildenden Kindheit

Gemeinsam mit Eltern und Geschwistern aufzuwachsen, hat von Anfang an Vorteile. Wenn Kommunikation und liebevolles Verhalten dem kleinen Menschen begegnen, lässt dies das Selbstbewusstsein wachsen. Menschliche Kontakte sind entscheidend, nicht elektronische Medien. Alles, was das Gespräch, das Miteinander, die Entwicklung der Kreativität betrifft, den Zugang zur Natur vermittelt, ist ganz entscheidend für die körperliche und geistige Entwicklung des Kindes. Eine Umgangsweise, in der die Einzelpersönlichkeit geachtet wird, in der statt Bevormundung Wege zur Selbstentscheidung gelehrt und Hilfen angeboten werden, bereitet guten Boden für das spätere Leben. Mit einem solchen Sicherheitsgefühl wird der kleine Mensch stark.

Glücklich sind nicht die verzogenen Kinder, denen jeder Wunsch von der Stirn abgelesen wird, sondern jene Kinder, die Liebe erfahren, mit denen gesprochen wird und die ein Zugehörigkeitsgefühl zu Eltern, Geschwistern, Großeltern und anderen Familienangehörigen entwickeln konnten. Kinder, die miterleben konnten, wie Eltern mit Sorgen und Problemen umgehen, erfahren schon früh, was es heißt, sich zu stellen und nach Lösungen zu suchen. Sie fühlen sich einbezogen, mitverantwortlich und ernst genommen, auch wenn sie keine Entscheidungen treffen müssen. Auch Mitverantwortung für andere, Nächstenliebe, erfahren Kinder und lernen daraus späteres Verhalten. Andere Menschen brauchen meine Zuwendung und oft meine Hilfe, wird so zur Selbstverständlichkeit.

Verantwortungsbewusstsein beginnt also früh. Jede Praxis gesellschaftlicher Emanzipation ist kommunikatives Handeln. Auch das gesellschaftliche Engagement und die politische Verantwortung der Eltern betreffend lernt das Kind früh – denn Kinder schauen genau hin. Sie »hören mit den Augen«. Die Erzeugung des Humanen muss im Vordergrund stehen, nicht der Konsum. Die schöne Gestaltung der Zeit ist für Kinder von Bedeutung. So ist jegliche Art von Gestaltung, Bauen und kreativer Arbeit Genugtuung. Beobachten und Entdecken der Natur, der Tiere und Pflanzen lässt Neugierde entstehen. Und Neugierde motiviert. Das Gehirn arbeitet, wenn Fragen Antwort erfahren und sich so immer neue Denkprozesse entwickeln können. Kinder wollen lernen, haben Lust und freuen sich am Spiel, denn der Ernst beginnt erst später. Strukturen werden bereits jetzt entwickelt, Fähigkeiten werden erkannt und suchen nach Entwicklung. Die geistige Reife der Kinder entwickelt sich jetzt mit jeder Konfrontation. Schon jetzt lernen Kinder von ihren Vorbildern, den Eltern und Geschwistern, lassen sich von ihnen anregen und motivieren. Gute Musik und Literatur fordern den Geist und lassen eigene Triebe entstehen. Kinder wollen lernen. Diese Bereitschaft sollten die Eltern positiv gestalten.

5. Geistige Anregung, Empathie

Das Gefühlsleben eines Kindes hat erste Wurzeln in den vorgeburtlichen Erfahrungen. Nach der Geburt ist die Zuwendung von ganz entscheidender Bedeutung. So ist die Rolle der Mutter in der Zeit nach der Geburt verändert. Ihr intuitives Fürsorgeverhalten erleichtert die Interaktion zum Baby. Viele vorgeburtliche Gedankenübertragungen (Interkommunikation) zwischen Mutter und Kind laufen immer noch. Mit der Liebeszuwendung erfährt das Kind Sicherheit und Geborgenheit. Spätere Ermutigung des Kindes rührt aus diesen Erlebnissen; das Kind glaubt der Mutter. Sie ist ohnehin Vertrauensperson Nummer eins. Kummer und Schmerz werden mit ihr gelöst, sie ist Anlaufstelle in allen Situationen. Aus all diesen Erfahrungen entwickelt sich die Gefühlswelt mehr und mehr, dazu gehörend Liebe, Freude, Trauer, Zugang zu anderen, Mitgefühl und Engagement. Das Verhalten gegenüber anderen Menschen lernt das Kind von den Eltern. Die Liebeszuwendung, die das Kind jetzt erfährt oder nicht, hat bleibenden Charakter. Jetzt braucht und sucht das Kind sie, ab der Vorpubertät wird es ihm peinlich. Ab der Pubertät geht es eigene Wege. Diese Entwicklungsphase ist wichtig zum Erfahren und Einüben für die Folgezeit.

Man nimmt an, dass der Mensch jetzt ohnehin in einer Übergangszeit lebt, in einer empathischen Zwischenzeit, die von der Mangelhaftigkeit hin zu mehr Mitgefühl führt, aus der sich eine neue Weltordnung entwickeln wird. Siehe dazu auch die Bücher und Aussagen des US-Ökonomen Jeremy Rifkin. Die Zukunft wird eine neue Kommunikationsweise erfordern.

6. Das Ich-Bewusstsein

Seit Sigmund Freud wurde einiges über die Bewusstseinsstrukturen bekannt. So wissen wir heute, dass es ein Bewusstsein und ein Unbewusstsein gibt, welches auf das Leben jedes einzelnen Menschen großen Einfluss hat. Ohne Ich-Bewusstsein können wir dies nur wenig beeinflussen. Es hat also großen Einfluss auf unsere Selbstbestimmung. Die Erfahrung des Ich ist etwas, was von klein auf erlernt wird. Im Umgang mit anderen erfährt das Kind durch Zuwendung und Achtung, dass es ein Gegenüber ist. (Für ein Kind ist dies nur gefühlsmäßig erfahrbar.) Das abstrakte Denken beginnt um das zehnte Lebensjahr. Kluge Eltern sparen nicht damit, dem Kind klarzumachen, dass es das schon kann. Ermutigung schafft Selbstbewusstsein und daraus entsteht die Wahrnehmung des eigenen Ich.

Mit der Vorpubertät beginnt sich dann der eigene Wille zu entfalten und mit der Pubertät die für viele Eltern oft fast unerträgliche Zeit, in der sie meinen, ihr geliebtes Kind sei ihnen entglitten. Es ist oft sehr schwer zu ertragen, zu sehen, wie sich ein eigenes Ich, eine eigene Person, entwickelt. Aber sicher noch keine fertige! Da gilt es, die ausgestreckte Hand nicht zu vergessen und trotz allem Vertrauen zu haben, ist doch das Kind ein Teil seiner Eltern. Die Frage, wie sie selber einmal gewesen sind, stellen sich leider nur wenige.

In der Phase der Pubertät und der anschließenden Adoleszenzzeit entwickelt sich eine neue Persönlichkeit. Erfahrungen aus Kindheit und Jugend lassen eigenes Verhalten entstehen, dieses wird hinterfragt. Alles erfährt Begutachtung. Die Auseinandersetzung mit dem Ich beginnt sich zu formieren. Je stärker das Ich, desto stärker die Entscheidungsfähigkeit der Person. Menschen mit einer starken Persönlichkeitsentwicklung sind gefeiter gegen negative Beeinflussung, Alkoholmissbrauch, Drogen- und Medikamentensucht. Zum anderen scheint sich zurzeit eine Weltveränderung anzubahnen. Nicht nur auf dem Gebiet der Kommunikation hat die derzeitige Generation neue Wege beschritten. Es entwickelt sich ein neues Denken. Da scheint ein Konflikt zwischen der Denkweise von Jung und Alt im Raum zu stehen!

7. Liebesbeziehung Eltern – Kind

Das Wort »Liebesbeziehung« wird ja nach vielen Seiten ausgelegt und nicht immer korrekt. Liebesbeziehung hat etwas mit dem Herzen zu tun. Die liebevolle Eltern-Kind-Beziehung ist mit das Wichtigste in der Entwicklung eines Kindes, löst viele Spannungen, Befürchtungen und Ängste. Liebe heißt hier nicht nur intensive

Zuneigung, Achtung und Entgegenkommen. Liebe heißt auch oft Verzicht zugunsten des Kindes. Liebe kann auch ein Verbot oder die Nichterfüllung eines Wunsches bedeuten. Kinder können oft noch nicht ermessen, was gut für sie ist, da braucht es erklärende Eltern, die sich die Zeit zum Gespräch nehmen und so dem Kind mehr schenken, als sie meinen. Liebe heißt auch begleiten, stärken, teilnehmen am Leben des Kindes und damit verbunden die schönen Erfahrungen der Eltern selber. Das Kind spürt, ob es geliebt oder nur geduldet wird, entsprechend ist sein Verhalten. Die gute und tragfähige Beziehung zwischen Eltern und Kind ist eine weitere und wichtige Wurzel für die heranwachsende Persönlichkeit, und die wohl stärkste Verbindung fürs ganze Leben. Liebe ist eine starke Kraft, und je mehr man davon schenkt, umso mehr bekommt man zurück. Geachtet werden zieht Achtsamkeit nach sich, daraus entsteht Achtung vor dem anderen. Menschen, die solche Beziehungen erlebt haben, werden von einem »frohen Herzen« getragen.

8. Verkettung der Entfremdung

Es gab Zeiten, in denen kleinen Kindern ihre Persönlichkeit geraubt wurde. So wurde in Krippen und Kindergärten der Wert des Einzelnen den Normen der Gruppe total untergeordnet. Die Aufforderung, »schön brav sein« war gang und gäbe. Heute verwechseln viele Kinderrecht mit Uferlosigkeit. Das Anfang der 1970er aufgekommene Konzept der Antiautoritären Erziehung hat bis heute viele Eltern verunsichert: Sie lassen gewähren, mischen sich nicht ein und geben dem Kind so keinen Halt. Wenn Kinder Gut und Böse nicht unterscheiden lernen, werden sie haltlos. Der häusliche Fernseher schenkt keine Lösung, gibt keine Lebenshilfe und ist auch kein liebendes Gegenüber. Angesichts der vielen Stunden vor dem Fernsehgerät und Computer muss man sich ohnehin wundern, dass noch so viel Restbestände guten Denkens geblieben sind. Kinder und Jugendliche muten ihrem Gehirn so viel Müll zu – und verdorbene Strukturen bleiben.

Kinder, die vom Elternhaus noch wenig mitbringen, erleben im Kindergarten, was Sache ist. Ihre Lebensschule ist so sehr klein. Erste Konfrontationen mit andersartigen Kindern bereiten Schmerz und erfordern Nachbetreuung. Wichtig ist das informative Gespräch mit den Eltern, denen die Kinder vortragen, was sie bedrückt.

Die Eltern müssen dem Kind helfen, sein Selbstbewusstsein nicht zu verlieren.

Der Übertritt in die Schule steigert zunächst die Freude am Lernen und am Neuen. Wichtig sind hier Lehrkräfte, die zu fördern verstehen, die Kinder ermutigen und sie für geleistete Arbeit loben. Immerhin sind Kinder keine Erwachsenen und ihre Leistungsfähigkeit ist teils noch eingeschränkt. Schule soll anregen und ermutigen, fördern. Nicht das Dozieren, sondern das Eigen- und Gruppenengagement muss gefördert werden. Projektarbeit und Eigenverantwortung entwickeln Denken. Das schlichte Vermitteln von Wissen erschafft Nachsager. Der Kreativität, auch im Denken, muss Raum geschenkt werden. Schule soll Verantwortungsbewusstsein fördern, Sozialengagement viele Wege ebnen und so verantwortungsbewusstes Handeln nach sich ziehen.

Heute sind viele junge Menschen durch den Schulalltag gestresst, unmotiviert, gleichgültig, oft mutlos geworden. Wenn dann auch noch im Zuhause keine Energie getankt werden kann, dann finden wir all die negativen Beispiele gesellschaftlichen Verhaltens oder Missverhaltens. Da die Kinder teilweise ganz in den Schulalltag eingebunden sind, gehen wichtige außerschulische Bereiche wie musische oder sportliche Aktivitäten, die Teilnahme an Jugendgruppen oder Tätigkeiten im Sozialbereich verloren. Dabei haben solche Betätigungen persönlichkeitsfördernden Charakter. Sie sind also nicht ohne Bedeutung für das Sozialverhalten und Engagement. Dass die Nichteinbeziehung junger Menschen Unmotiviertheit und einen drohenden Werteverlust zur Folge hat, ist kein Geheimnis. Die Gesellschaft sollte nicht den Kopf in den Sand stecken und sagen: Was geht mich das an? Die Folgen werden viele zu spüren bekommen.

Wer Kinder an die Leine legt,
willkürlich an ihrem Leben sägt,
verletzt das »Wurzelwerk«;
wo keine Wurzel, ist keine Kraft,
was schwache Jugend schafft.
Sei Vorbild, du, wenn sie nicht taugen,
denn Kinder ›hören‹ mit den Augen.
Das Lieben lernen, das Leben leben,
dazu sollten wir immer Beispiel geben.
Wenn wir Kinder nicht mehr leben lassen,
so weiß man, dass wir das Leben hassen!

W. F. Esch

Für eine gesunde Entwicklung von Kindern und Jugendlichen muss der Kreativität mehr Raum geschenkt werden. Die Zukunft mit ihren vielerlei Problemen braucht keine gleichgemachten jungen Menschen, sondern solche, die Gestaltungsfähigkeit, eben Kreativität, für die

Neuordnung mitbringen, die motiviert an Probleme herangehen und sich nicht hinter einem »Es war schon immer so!« verstecken. Neuen Ideen darf nicht länger der Boden entzogen werden. Die Bremser der Gegenwart rauben der Zukunft die Startbahn.

9. Sozialisation: Gesellschaft und Charakterbildung

Ob Kindergarten und Schule oder später der Freiwillige Wehrdienst, das Freiwillige Soziale Jahr, das Studium oder die Berufsausbildung ... sie alle können zur Persönlichkeitsbildung beitragen. Die Bedeutung der Familie für die Entwicklung wurde in den vorangegangenen Abschnitten hervorgehoben. Dem soll nichts abgesprochen werden. Wenn ein junger Mensch aus welchen Gründen auch immer nicht diesen familiären Hintergrund hat, es nicht zur notwendigen Kommunikation kommt, wird seine Persönlichkeits- und somit auch Charakterbildung aus anderen Quellen gespeist. Es gibt Kinder und Jugendliche, denen – weil sie es wollen (!) – das Fernsehgerät, der Computer, das Videospiel zu prägenden Gegenüber-Mumien werden, von denen sie ihre Lebensmodelle beziehen. Entsprechend ist dann auch der Umgang mit dem jeweiligen Gegenüber. Der Mensch ist ein geborenes Sozialwesen, also angewiesen auf andere Menschen, auf entgegenkommende Wesen mit all den verschiedenen Beziehungsarten. Die elektronischen Medien benötigen Zeitaufwand, schenken aber keine Wärme, kein Gespräch, sie fordern nichts und geben nichts. Vieles ist zwar praktisch, mehr aber auch nicht. Unsere Gesellschaft braucht lebendige, wache Charaktere, die stark sind, Gefühle haben und die etwas zeigen können, Menschen mit Visionen und Verantwortungsbewusstsein. Und diese prägenden Dinge lernt man vor allem in der Familie, als geliebtes Kind, das durch Vorbilder seine Art erhalten hat.

10. Soziales Engagement und seine Bedeutung

Das Leben hat viele Seiten, solche, die man erwartet, und solche, die sich niemand erhofft. Mancher junge Mensch erlebt wenn er sich sozial engagiert eine ganz andere Welt. Er oder sie muss erkennen, dass es vieles gibt, was zwar auch Leben ist, aber völlig anders. Das Handeln für einen anderen Menschen schafft Weitblick. Und so lernen Menschen, dass man sie braucht, sich über ihre Hilfe freut und dankbar ist, dass sie sich für andere einsetzen. Diese Erfahrung kann glücklich machen, mobiler, auch, was Interessen angeht, und das gesunde Ich-Bewusstsein stärken. Gerade der Bereich des Sich-einfühlen-Könnens, die Verantwortung für eigenes Tun, macht eine starke Persönlichkeit aus. Der weitere Verlauf in unserer Gesellschaft wird es nötig machen, dass das Engagement des Einzelnen mehr und mehr in den Vordergrund tritt. Mit dem Wohlstandserleben der letzten Jahre ging vieles verschütt und es haben sich andere Verhaltensformen entwickelt, solche, die einem schönen Miteinander gegenläufig waren. Durch die Überzeugung »Der Staat wird's schon richten!« ging nicht nur viel Menschlichkeit verloren, sondern auch die Erkenntnis, dass ein schönes Miteinander stark macht. Wichtige Erfahrungswerte, die gerade für junge Menschen von Bedeutung sind. Wer vom Schulalltag mit Frust nach Hause kommt, kann gerade hier erleben, welchen Wert er doch hat, wenn ihm Zeit für das so wichtige Gespräch geschenkt wird.

11. Haltepunkte im Leben

a) Glaube

Für manchen Menschen ist der Glaube kein Haltepunkt mehr. Haben sie eine falsche Vorstellung davon? Was will der Glaube an den christlichen Gott, den Vater im

Himmel? Und welche Forderungen stellt er an den Gläubigen? Sicher ist eines, der Gläubige lebt anders, von innen heraus. Glaube bedeutet nicht, vor Gott zu Kreuze zu kriechen. Glaube ist Energie, die mir als Gläubigem zur Verfügung steht. Es ist eine Kraft. In dr Bibel heißt es: »Das Wort vom Kreuz ist eine Torheit denen, die nicht glauben. Uns aber ist es eine Gotteskraft.« (1. Korinther 1:18)

Gott sandte seinen Sohn in diese Welt, um uns zu zeigen, was Liebe ist. Jeweils Weihnachten feiern die Christen darum den Geburtstag Jesu Christi. Er hat versucht Irrglauben in Glauben zu verwandeln, indem er den Menschen damals zeigte, was Glaube ist. Er wurde gefragt, was denn wichtig sei, wie ein Gläubiger leben solle, und er sagte Folgendes: »Du sollst Gott, deinen Herrn, lieben von ganzem Herzen, ganzer Seele und ganzem Gemüt. Das andere ist dem gleich: Du sollst deinen Nächsten lieben wie dich selbst!«

Der Mensch hat eine Seele, sie ist die so wichtige Verbindung zu Gott. Wenn sie den Weg ohne Gott geht, leidet sie und kann dem Menschen keine Energie schenken, die Lebenskraft für jeden Tag und jede Situation. Unser verloren gegangenes Menschenbild müssen wir zurückgewinnen. Der Mensch besteht aus einer Leib-Seele-Geist-Einheit. Alles erfordert Nahrung und gibt gleichsam das zurück, was lebensnotwendig ist. Ein gesunder

Körper hilft im Leben. Die gesunde Seele, die Psyche, ist das Verbindungsstück zwischen Gott und Mensch. Ist sie gesund, geht es dem Menschen gut. Das Gebet ist die Nahrungsquelle! Und der gesunde Geist fordert Tätigkeit, der Verstand will entwickelt werden, also konstruktiv etwas tun. Alles dies macht den Menschen aus. »Also ist der Mensch eine lebendige Seele«, so heißt es im Schöpfungsbericht. Und die Seele hat eine ganz wichtige Funktion. Sie signalisiert Freude und Traurigkeit. Ihr Aufmerksamkeit zu schenken ist nicht nur ratsam, es motiviert auch. Einem Vater im Himmel vertrauen zu können ist doch ein Geschenk von großem Wert. Ich bin nie allein, darf vertrauen, kann Hoffnung haben. Zu lernen, mich zu lieben, ist mehr als wichtig. Und meinen Nächsten zu achten, sollte selbstverständlich sein. Mit solchem Hintergrundwissen lebt man anders, bewusster und mit mehr Achtung vor sich und anderen Menschen. Der Haltepunkt »Glaube« setzt mir auch Grenzen. Er mahnt mich, hält mich zurück, lässt mich nicht über andere herfallen.

b) Politisches Verhalten

Verantwortungsbewusste Menschen können gesellschaftlichen Problemen nicht gleichgültig gegenüberstehen. Und engagiert man sich, so ist man schon im politischen Geschehen verflochten. Sich einsetzen für Kinder, für junge Menschen, für hilfsbedürftige Menschen usw., alles hat politischen Charakter. Durch mein Eingebundensein in das Geschehen um mich herum übernehme ich Verantwortung und so sollte es auch sein. Politik ist nicht das Tun einiger weniger. Wir leben in einer Demokratie und das heißt in Mitverantwortung. Führt diese zu Erfolg und der Lösung von Problemen, stellt es für mich Befriedigung dar. Das Leben sucht nach Erfolg, nach Selbstbestätigung.

In unserer Zeit hat sich auf vielen Wegen etwas manifestiert, was unauffällig den Geist aller Menschen vernebelt und so zur Inaktivität anleitet, nämlich die totale Manipulation. Wir glauben selbst zu entscheiden, lassen uns aber zu Entscheidungen hinreißen, die oft absurd sind. Mit dieser Manipulation geht die Entmündigung einher. Viele bemerken dies und revoltieren, andere verstehen nicht und schütteln nur den Kopf. Uns ist der Wohlstand der letzten Jahre zu Kopf gestiegen. Nun, da vieles wieder anders wird, wachen manche auf und schauen sich um. Viel an Menschlichkeit ging verloren. Dem politischen Menschen geht es um die Rückgewinnung von anständigem und glücklichem Leben für die Menschen in dieser Welt, also auch um das Weltbewusstsein.

c) Bindung

Die Sehnsucht treibt den Menschen in eine Bindung, in das Miteinander, um endlich nicht mehr allein zu sein. So suchen die einen den Weg in die Ehe. Andere bevorzugen eine Partnerschaft, andere ziehen in eine WG und noch andere gehen ins Kloster, alle mit dem Ziel eingebunden zu sein, sich auf eine Bindung einzulassen. Man möchte Verantwortung übernehmen, da muss man dann auch bereit sein, zu »antworten«. Der liebende Mensch antwortet, und dabei sieht er den ganzen Menschen, auch die psychischen Bedürfnisse. Und diese Übernahme von Verantwortung darf nie zu einer Unterjochung führen. Der so wichtige Grundsatz muss lauten: Ich möchte, dass mein Gegenüber (der geliebte Mensch) zu seinem eigenen Nutzen und auf seine eigene Art wächst und sich entfalten kann. Zur Bindung gehört sich gegenseitig zu helfen, der Respekt vor dem anderen. Hier muss sich die so wichtige Sozialkompetenz zeigen. Nachdem der Mensch als Sozialwesen in diese Welt hineingeboren ist, sucht er natürlicherweise auch ein schönes Zusammenleben.

d) Entwicklung der Selbstständigkeit

Zunächst brauchen wir Hilfe, zumindest solange wir klein und unerfahren sind. Durch Lernen und die Konfrontation mit Aufgaben wird der Mensch in die Lage versetzt, seine Selbstständigkeit unter Beweis zu stellen. Der Weg dorthin mag oft verschlungen sein. Aber ohne die Übernahme von Aufgaben und Verpflichtungen führt kein Weg dahin, Dinge selbst anzugehen. Die gelernte Verantwortung ist ebenso wichtig wie das Engagement. Und das Glücksgefühl bei bestandener Erfüllung ist eine schöne Erfahrung.

Innerhalb einer neuen Familie sind die Aufgaben vielfältig und eine gesunde Kooperation will gelernt sein. Das Gespräch, die Zeit mit- und füreinander sind sehr wichtig, schon um unnötige Spannungen gar nicht erst aufkommen zu lassen. Menschen müssen lernen, sich zu erschließen, sich ernst zu nehmen, andere Fähigkeiten zu achten und Fürsorge zu praktizieren. Nur der lernende Mensch kann sich vervollständigen, er selbst werden!

12. Entwicklung eigener Identität, Suche nach dem Ich

Die Konfrontation mit anderen und mir selbst erschließt mir meine Identität. Wer nur hinter Mauern lebt, wird nie das Glück erleben, das jener hat, der sich dem Leben, den Aufgaben und Verpflichtungen stellt. Leben heißt kämpfen. Nur muss man im Laufe des Lebens lernen, dass es nicht nur gerechten Kampf gibt. Zu unterscheiden und den gerechten Weg zu gehen, nur das bringt Befriedigung und die ist wichtig im Leben. Leben ist eine Fülle von Eindrücken und Konfrontationen. Der Mensch muss lernen, diese auszuhalten, sich ihnen zu stellen, ja, sie zu bewältigen. Das macht ihn aus, das formt sein Leben und schenkt ihm Eigenheit, Identität, sein Ich.

Das Tier bringt arteigene Schemata instinktiver Verhaltensprogrammierung mit, der Mensch muss, oft auf langen Wegen, lernen, wie, wann und warum er so oder so handeln muss, um zu sich, zu seiner Identität, zu finden. Schon die Mutter-Säugling-Beziehung lässt den Kern der neuen Identität entstehen und im Laufe des Lebens entwickeln sich immer neue Ringe hinzu, gleichsam Jahresringen. Es überschichtet sich so die Identitätsstruktur, wobei der Kern immer noch vorhanden ist. Je bewusster der Mensch an sich arbeitet, desto mehr entwickelt er sein eigenes Ich. Ohne die Arbeit an sich bleibt es bei den übernommenen Denkweisen und Verhaltensstrukturen. Verharren im und am Alten ist also nicht förderlich für das eigene Ich. Auch unser Gewissen, das Über-Ich, wurde anerzogen und sollte hinterfragt werden.

13. Nutzung der Sinne, Genießen der Zeit, Erleben des Tuns und Seins

Beim Überdenken dessen, was meine Sinne sind, kann ich ganz schön in Verlegenheit geraten. Warum leben so viele Menschen so unbewusst? Warum werden sie sich selbst nicht bewusst? Sie erleben nicht, welche Schätze an Sinnen und körperliche Fähigkeiten in ihnen stecken. Erst wenn dies oder jenes nicht mehr richtig funktioniert, dann motzen diese Menschen. Ihr Körper ist ein Funktionsobjekt, nichts, womit sie sich identifizieren, und so ist allzu oft die Umgehensweise. Was hat man da von seinem Körper, wenn man ihn nicht beachtet? Eine gute Übung ist es, sich den Sinnen im Kopfbereich zu nähern und jeden Sinn einzeln zu reflektieren, sich allein dieser Fähigkeiten bewusst zu werden. Alles sehen zu können ist ein Geschenk. Zu hören, welcher Genuss kann das sein. Zu schmecken, Düfte zu erleben. Mit lieben Menschen reden zu können. Dafür muss man sich Zeit nehmen, sich seiner Sinne klar zu werden. Sinne zu erleben ist nicht nur Genuss, es kann Erlebnis sein, Leben! Und was verschönert alles unser Leben? Wenn ich lerne oder gelernt habe zu genießen, ein schönes Essen in aller Ruhe zu erleben, allein, dass ich es essen kann. Schöne Musik zu erleben, Landschaften. Wie reich ist man doch, wenn man es überlegt. Zeit genießen, Freude genießen usw. Was erlebe ich?

Dankbarkeit macht glücklich! Kann sich ein unglücklicher Mensch mit Freude ein Ziel setzen? Eines, das konstruktiv ist? Unglückliche Menschen neigen mehr zur Destruktion. Wenn Menschen keinen Halt mehr haben, wenn ihnen die Freude an sich und am Leben fehlt, dann fehlt ihnen auch die Fähigkeit genießen zu können, und ihre menschliche Energie läuft in falsche Bahnen. Dann wird alles egal und Zerstörung macht Freude. Der Destruktion sind Tür und Tor geöffnet. Etwas zu lernen, egal ob in der Schule oder im Beruf, kann mehr als Freude machen, wenn man ein Ziel vor Augen hat und darauf hinarbeitet. Glückliche Menschen leben aus der Hoffnung, sie gehen auf ein Ziel zu und suchen nach guten Wegen, dieses Ziel zu erreichen. Sie kennen keine Leistungsverweigerung.

14. Demut, Objektivität, Vernunft

Demut

Der Begriff Demut wird immer etwas in die Ecke »schwach« geschoben, das ist falsch. Demut ist ein Begriff, der in der Bibel etwas mit Bedacht zu tun hat. Mir als Mensch sollte immer klar sein, dass meine Kompetenz Grenzen hat und dass mir nicht alles möglich ist.

Aus dieser Erkenntnis wird auch meine Beziehung zu mir, zu anderen Menschen, zu all dem, was mich umgibt, bestimmt sein. Vielleicht entsteht auch eine ehrlichere Beziehung. Allein, was die Schöpfung all der Dinge angeht, die mich umgeben. Wenn ich die Blüten einer Blume betrachte, dann kann ich über die Schönheit nur staunen und mich wundern. Wenn mir die Zusammenhänge des menschlichen Gehirns klar werden, dann bin ich fasziniert über das Wunder. Ich staune über all das, was damit möglich ist, einmal möglich sein wird, wenn wir die »Entdeckungsreise Gehirn« weiter betrieben haben, die der Mensch heute schon begonnen hat und die noch viele Wunder offenbaren wird. Da muss man demütig werden, vor Freude und Erstaunen.

Objektivität

Demut ist also eine Gefühlsgabe, die mir Erkennen möglich macht. Dabei muss man immer wissen, dass selbst die menschliche Selbsterkenntnis der Gegenwart in zweifacher Weise einäugig ist, obwohl mir beide Augen zur Verfügung stehen. Sie ist doppelsichtig, bleibt sie auch beim besten Willen immer einsichtig, sieht also nur die Hälfte. Unsere Beurteilungsgabe wird ebenso wie viele andere Verhaltensweisen nicht gering von unserem Unterbewusstsein gesteuert. Die vollständige eine Hälfte und die vollständige andere Hälfte sowie die klare Reflektion können erst eine objektive Beurteilung ermöglichen. Jede schnelle Bewertung, jedes Vorurteil und Urteil ist, wenn ich es genau betrachte, oft sogar eine Anmaßung meinerseits, eventuell unverantwortlich.

Vernunft

Jeder Mensch weiß, was Vernunft ist, einer lebt mehr mit ihr, ein anderer schiebt sie beiseite. »Wie kann man nur so unvernünftig sein?« Diese Frage hat jeder schon einmal gehört. Vernunft hat einer, ein anderer glaubt, er habe keine. Vernunft und Verstand hängen zusammen und beide wollen entwickelt werden. Die gesamte Persönlichkeitsentwicklung ist ein großer Bereich, der von früher Kindheit bis ins hohe Alter ein laufender Prozess ist. Dieser Prozess muss von mir vollzogen werden, sei es aus Neugierde, um etwas zu lernen, oder aus Sympathie zu einem Menschen oder zu einer Sache. Aus Vernunftgründen! Weil man etwas erkannt hat, weil einem bewusst geworden ist, dass man etwas ändern will.

15. Respekt, Fürsorge, Liebe, Verantwortungsbewusstsein

Respekt

Das Zusammenleben der Menschen hängt von so vielen Dingen ab, damit es glücklich für alle ist und jeder gerne und aktiv leben mag. Zusammenleben hat viel mit gegenseitigem Respekt zu tun. In vielen Schulen wird darauf zu wenig Wert gelegt und darum eine ganz wichtige Energiequelle abgegraben (die so schnell nicht wieder zu aktivieren ist). Respekt ist eine der meiner Meinung nach vier Grundbedingungen für ein schönes Zusammenleben. Individualität ist nur möglich, wenn Respekt vorhanden ist, sonst werden alle gleichgemacht (Ziel der Manipulation) und dann ist eine Entfaltung der Persönlichkeit nicht möglich. Nun wird mancher aufhorchen, wenn ich sage, dass Respekt vor mir selbst wichtig ist. Ich kann mit meinem Körper nur gut umgehen, wenn ich gelernt habe, dass er ein Wertgegenstand ist, der mir und nur mir zur Verfügung steht. Ich muss mich mit meinem Körper solidarisieren, mit ihm kooperieren, ja, reden. Manche Krankheit wäre nicht, wenn ich Vorgenanntes täte. Nicht weniger wichtig sind mein Verstand, meine Fähigkeiten und Begabungen, alles will von mir mit Respekt behandelt werden. Dann kann ich alles nutzen. Je mehr ich mir meiner selbst bewusst werden, desto glücklicher sieht mein Leben aus.

Fürsorge

Eine zweite Notwendigkeit ist die Fürsorge, die ich anderen zeige. Verantwortungsbewusstsein lässt mich in der Gesellschaft, in der ich lebe, aktiv sein. Ich nehme durch sie mein Umfeld wahr, setze mich ein, wo es mir möglich ist, nebenbei erweitere ich damit meinen Horizont. Als Sozialwesen sind wir aufeinander angewiesen, die Aktionen laufen nicht einseitig, sondern gegenseitig, ja, miteinander. Ein zurückgezogenes Leben, nur auf mich bedacht, macht einsam, krank und schwermütig. Das ist kein Leben! Das Bewusstsein, ein Sozialwesen zu sein, könnte hier viel ändern. Jeder könnte etwas finden, um seiner Liebe zur Sache Raum zu schenken, Freude zu erleben und andere damit anzustecken.

Liebe

»Der, der nichts weiß, liebt nichts. Der, der nichts kann, versteht nichts. Der, der nichts versteht, ist wertlos. Der aber, der versteht, liebt und erkennt und sieht. (…) Je mehr Wissen mit einer Sache verbunden ist, desto größer ist die Liebe. (…) Wenn einer glaubt, dass alle Früchte zur gleichen Zeit reif sind wie die Erdbeeren, versteht nichts von den Weintrauben.«

Paracelsus

Egoismus ist eine Krankheit, in ihr kann der Mensch sehr verfangen sein. Dadurch bringt er sich nicht nur um viele schöne Erfahrungen in seinem Leben. Egoismus nimmt dem Zusammenleben den Sauerstoff und somit das Leben. Liebe dagegen ist das wohl wichtigste Elixier. Schon als vorgeburtliche Energie für das Werdende zieht sie sich durchs ganze Leben, jeder braucht sie und sollte sie viel schenken. Und noch etwas Wichtiges: Liebe ist kein Gefühl, dem man sich hingibt, entsprechend seines Alters und der Bedürftigkeit. Liebe lernt man, hoffentlich, von Kindesalter an, sie muss gelernt werden und setzt voraus, dass die eigene Gesamtpersönlichkeit entwickelt ist. Liebe ist also eine Kunst, die ich lernen muss; je besser ich sie kann, umso glücklicher wird mein Leben aussehen. Und glückliche Menschen braucht das Zusammenleben. Wir suchen nicht nur die gereichte Hand, wir suchen Liebe und Verständnis, Entgegenkommen. Wer dies sucht, muss auch bereit sein, es zu schenken! Es ist eine Kunst, das Leben zu leben, Achtung vermittelt mir viel.

Verantwortungsbewusstsein

Es ist ein ganz wichtiges Kapitel, dass mit der Erkenntnis eigenes Verantwortungsbewusstsein entsteht. Wieder ist es die so bedeutsame Kindheit, in der liebende Eltern dem Nachwuchs zeigen, was Verantwortungsbewusst-

digung über das gemeinsame Tun empfanden. Oft denken wir viel zu kompliziert und können das Einfache nicht sehen. Die Schule wird auf diesem Gebiet noch sehr viel lernen müssen. Die Gruppenarbeit, das Eigenengagement, die Projektarbeit, alles das muss in den Vordergrund treten. Allgemeinwissen können die Kinder und Jugendlichen viel einfacher in Selbstarbeit vor dem Computer erarbeiten. Sie sollten nicht ihre Zeit mit sinnlosen Arbeiten verbringen müssen, bei denen Unlust und Frust entstehen. Lernen kann etwas sehr Schönes sein, allein der Weg ist entscheidend. Es ist wie beim Essen kochen, die richtigen Zutaten können wunderbar schmecken, verkehrte Zutaten dagegen anwidern.

19. Das Verhältnis zu anderen Menschen

Jeder Mensch hat das Bedürfnis nach Kontakt zu anderen Menschen. Da sind die gemeinsamen Spiele bei Kindern, die verschiedenen Gruppierungen bei Jugendlichen und die Fülle von Gemeinsamkeiten bei Erwachsenen, so sie denn noch »nach außen ein Fenster aufgelassen« haben. Leider verschließen sich manche Paare, lösen alle Kontakte, ohne zu bedenken, dass alle Zweisamkeit einmal aufhört. Und dann heißt es: Niemand kümmert sich um mich! Isolation ist nie gut und nicht selten selbst verschuldet. Freude ist nie im Alleingang möglich, immer sollte gemeinsam für die Zukunft geplant werden. Das Leben stellt immer wieder Forderungen an uns und wir müssen uns diesen stellen, lieber gemeinsam als allein. Viele Erwachsene hatten nie die Chance, sich zu entwickeln. Es fehlte an den nötigen Partnern, an Mut, und so leben sie wie in einem »inneren Ausland« in ständiger Resignation. Viele haben nie gelernt mit Konflikten umzugehen, das Ja oder Nein fällt ihnen schwer, sie laufen ständig weg. Wäre die Konfrontation mit anderen gelehrt worden, gäbe es das Problem nicht. Selbst durch gezielte Kommunikation könnte dieses Problem behoben werden. Umgang mit anderen Menschen erfordert auch eine bestimmte Sensibilität. Bei entsprechender Erfahrung aus der Kindheit wurde sie gebildet und gehört zum Instrumentarium eines Menschen. Oft muss man leider feststellen, dass bestimmte Dinge früh gelernt werden müssen, weil es später fast unmöglich ist, sie nachzuholen.

So manche Bewusstseinsstruktur der frühen Kindheit andererseits bräuchte Korrektur, weil manche frühkindliche Prägung hinderlich ist für die Beziehungen zu anderen Menschen. Die Verdrängung ist ein weiterer Sündenfall. Viele Beziehungen scheitern, weil nicht offen ausgesprochen wird, was schmerzt. Jugendliche glauben leider oft an die Erfüllung ohne Beziehung. Sie reduzieren Partnerschaft allein auf sexuelle Erlebnisse und wundern sich, warum die Beziehung scheitert. Jeder Mensch sucht und braucht Liebesbeziehungen. Diese können freilich ganz verschieden aussehen, aber ohne sich auf den anderen Menschen einzulassen, ohne gegenseitiges Verstehen, das Gespräch und die Anerkennung des anderen geht es nicht. Anerkennen heißt auch, die Aktionen, Interessen und Wünsche des anderen Menschen zu akzeptieren. Ein gutes Verhältnis zu anderen Menschen fordert etwas von mir!

20. Erleben eigenen Glücks

Worüber kann ich glücklich sein? Das hat auch viel mit Dankbarkeit zu tun, so eigenartig dies klingt, aber die Dankbarkeit ist der Kern des Glücks. Wie will sich ein Mensch von Herzen freuen, wenn er nichts wahrnimmt, nichts sieht? Wenn der Mensch morgens gesund aufstehen kann, kann er danken dafür. Wenn er sich im Spiegel anschaut, bringt er es vielleicht fertig, sich mit einem freundlichen »Guten Morgen« zu begrüßen und nicht unfroh zu maulen. Vielleicht hat der Mensch auch genug zu essen, hat eine schöne Umgebung, liebe Menschen,

Beschäftigung usw. Für alles kann man danken; da beginnt schon der Tag anders! Wenn Menschen um mich sind, die ich mag, ist das kein Glück?

Und noch mal: Ich kann hören, sehen, schmecken, riechen, denken, fühlen. Meine Wege kann ich laufen, die Hände nutzen. Kleidung und Nahrung habe ich auch. Allein das sind so viele Gründe, glücklich zu sein. Die kleinen Dinge sehen wir nicht mehr, die großen gehen uns dadurch verloren. Sehen, hören, alles ist geschrumpft, wir erkennen nichts mehr von uns, verarmen – nicht materiell, aber das macht ohnehin nicht glücklich. Wir müssen wieder lernen die kleinen Dinge wahrzunehmen, wir müssen uns die Zeit dafür nehmen. Wir sind von so viel Glück umgeben, sehen es nicht, stolpern nur darüber. Betrachte die Wunder der Schöpfung in deiner Umgebung, die Tiere, die Natur, die Pracht mancher Blumen, Wunderwerke zur Beglückung des Menschen. Das Glück ist so nahe!

Und was tue ich, um anderen Menschen Freude zu machen, etwas Glück zu schenken? Auch da ist bei vielen Menschen ein Fragezeichen anzubringen. Erleben eigenen Glücks lautet die Überschrift über diesem Absatz und wo liegt die Aussage? Ohne mich, meine Aktion, geht nichts! Die Kunst des Lebens ist in meinen Händen, meinem Handeln, meiner Aktivität. Diese Kunst muss ich lernen. Wenn ich sie beherrsche, macht sie mich und andere Menschen glücklich. Immerhin ein lohnendes Ziel. Alles beginnt mit einem Vorsatz, mit anschließender Bewegung, dem Tun.

Die menschliche Existenz hat ein Problem. Ohne Liebe lässt sich nichts auf Dauer bewältigen, nur die Liebe gibt die Lust und Freude zum Tun. Die Zeitgötzen jedenfalls lassen mich nur in ein tiefes Loch fallen, schaffen Angst. Wir haben das Angebot, unsere Hand dem zu reichen, dem Gott, der will, dass der Mensch zur Wahrheit findet und so glücklich ist. Wer hören und sehen kann, wird ständig mit der Realität konfrontiert, sollte auch reagieren. Wenn mir ungute Zustände in meiner Umgebung auffallen, dann sollte ich mich aufmachen, aktiv werden. Im Zusammenleben gibt es immer wieder Grund zur Aktion. Missstände in unserer Gesellschaft liegen nicht selten an der Verkennung von wichtig oder unwichtig. So lernen viele Kinder, dass der Besitz von Dingen zeigt, ernst genommen zu werden, innere Werte, die nicht gesehen werden, dagegen keine Beachtung finden. Das Leben in einer Wohlstandsgesellschaft ist nicht leicht, auch wenn viele daran glauben. Not verbindet, macht hellhörig und hilfsbereit. Der denkende Mensch aber sollte durch die Erfahrungen des Lebens klug geworden sein, gerade was die Werte des Zusammenlebens angeht. Nun kommt wohl wieder der Verlust dessen zum Zug, was die Anerkennung einer höheren Instanz angeht.

Verbunden damit sind gewisse Richtlinien. So wie in der christlichen oder der jüdischen Religion. Da sind die Zehn Gebote, Wegweiser für mich und andere. Lebenshilfen zum Schutz für mich und andere. Da ist das Gebet, es will mir Lebenshilfe sein, mich an andere Menschen denken lassen, mir vielleicht auch dazu verhelfen, dass ich mit beiden Füßen fest auf dem Boden stehe. Übermut tut selten gut, so heißt es und sich vor dem zu verantworten, der alle Menschen liebt, ist immerhin ein guter Weg.

Viele Menschen bemerken auch gar nicht, wie sie sich selber um alles Glück bringen. Sie laufen verkabelt herum, können Außengeräusche nicht mehr hören. Sie verdunkeln ihre Gedanken mit Fürchterlichkeiten, die das Fernsehgerät vermittelt, und lassen sich auch sonst durch die technischen Medien ganz von sich abbringen. Sicher, es gibt auch auf diesem Gebiet Positives, aber alles was überwiegt, kann schaden. Es kommt also auf das bewusste Leben an, auf die Wahrnehmung – ohne Angst. Leben heißt auch, eingebunden sein. Die vielen Aspekte des Lebens müssen wir wahrnehmen, wenn uns die Wege von uns selber verbaut werden, fehlt etwas. Die Wahrnehmung und die gezielte Reflektion können zum Guten verändern. Alles dies ist ein Instrumentarium, das mir helfen will, zu lernen. Der Künstler, der sich nur aufs Angucken beschränkt, wird nie lernen, nur der, der aktiv ist, kann lernen. Wer sich auf den Weg macht, um die Kunst des Lebens zu gehen und zu lernen, der wird viel Freude erleben.

»Andere durchschauen ist Umsicht;
Sich selbst durchschauen ist Einsicht.
Andre lenken ist Können;
Selbst sich lenken ist Macht.
Beginnen können ist Stärke;
Vollenden können ist Kraft.
Nicht-Zerfall ist Ewigkeit;
Nicht-Nichtigkeit nach dem Tod ist Unsterblichkeit.«

Lao-Tse

»Weil Gott nicht Objekt sein kann für den Menschen, da Gott das Subjekt ist, eben darum erweist auch das Umgekehrte sich absolut; wenn einer Gott leugnet, so tut er Gott keinen Schaden, sondern vernichtet sich selbst; wenn einer Gott spottet – so spottet er seiner selbst.«

Søren Kierkegaard

Die Kunst zu leben II

Vorwort

In diesem Teil soll es um die zweite Lebensphase gehen, die Zeit, von der manche sagen: Ich bin in ein Loch gefallen! Andere fühlen sich aller Lebensaufgaben entledigt. Das ständige Schauen auf die anderen, den Mann, die Frau, die Kinder und die damit verbundenen Verpflichtungen, dies alles fällt weg. Die Stapel der Wäsche, das Kochen und Servieren, alles nacheinander, die Hausaufgaben … fallen weg. Die vielen Fahrten, die gemacht wurden, zum Musikunterricht, Sport, usw. Zunächst tut es ja gut, auch mal Zeit für sich zu haben, aber das, was jetzt anbricht, braucht neue Gestaltung, neue Gedanken, besonders auch für zu sich selbst, also Selbstbesinnung.

1. Zielsetzung und Neuorientierung

Wer den Weg geht, um die Kunst des Lebens zu gehen und zu lernen(!), der wird viel Freude haben. Ich wünsche mir, dass alle Menschen, mit denen ich lebe, den Weg des Glücks gehen. Es ist nun nicht mehr die Familie allein, der meine Zuneigung und Aufmerksamkeit gilt. Der Blick geht nach draußen. Damit vernachlässige ich nicht meine bisherigen Verpflichtungen, sondern mein Blick lenkt in die Zukunft, zu neuen Aktivitäten, alten Wunscherfüllungen, Hobbys, Förderung von Begabung, ja, neuer Zielsetzung für die Zukunft.

Mit zunehmendem Alter – über 40 – schwinden weder Fähigkeiten noch Gedächtnisleistung oder Lust und Freude, nur die Motivation muss neu entwickelt werden. Die Aufgaben in der Vergangenheit waren vielfältig, aber das ist kein Grund zur Resignation. Heute sind sie einfach anders. Mein Blick darf schweifen, hin auf die Dinge, denen ich vorher keine Beachtung schenken konnte, wofür keine Zeit mehr war.

2. Bewegung und Lernfähigkeit

Der wache Geist braucht Bewegung, Spazierengehen, Wanderungen, Ausflüge, Sport jeder Art (mit Bedacht!), Radfahren usw. Weiter ist es sehr wichtig, dem Geist die richtige Nahrung zukommen zu lassen. Bequem wäre es, so glauben viele Menschen, sich vor das Fernsehgerät zu setzen, das wäre aber eine schlechte Lösung. Der Geist will entwickelt werden, etwas leisten müssen, Aufgaben lösen. Gedächtnistraining in Form von Kreuzworträtseln oder Gehirntraining, auch kleine Denksportaufgaben, bringen dabei schon viel ein. Besser noch sind ein gutes Buch, Hörfunksendungen, bei denen man sich Notizen macht und hinterher notierte Worte reflektiert, schaut, ob man den Zusammenhang sehen kann.

Klassische Musik regt an. Hier hat jeder Mensch seinen Geschmack, trotzdem kann man sich mit anderen Menschen im Konzert treffen. Manch schöne Gespräche entwickeln sich so beim anschließenden Zusammensitzen. Schon das Gefühl, dass andere da sind, tut gut. Der falsche Glaube, dass mit zunehmendem Alter der Geist abnimmt, hat nach den heutigen Erfahrungen der Gehirnforschung keine Berechtigung. Wenn allerdings dem Geist Bewegung, richtige Ernährung und konstruktive Beschäftigung fehlen, dann nimmt er ab. Auch unsere Muskeln reagieren ähnlich! Innerhalb kürzester Zeit bauen unsere Muskeln so stark ab, dass es leicht zu Fehlhaltung führt. Wenn durch die veränderte Familiensituation Leerräume entstehen, dann kann eine Orientierung nach außen von großem Vorteil sein. Es gibt so viel Bedarf an Menschen, die aktiv sind, begabt und engagiert. Diese Zeit mit anderen Menschen kann sehr gut innere Spannungen lösen, die Gespräche tun gut, auch zur eigenen Bereicherung, und schaffen zudem auch neue Akzente in der Partnerschaft. Wer gibt, wird bekommen! Dann ist da auch keine ständige Fixierung auf die Kinder mehr, die, wenn noch im Haus, schon Jugendliche sind, wenn außer Haus, in neuer Beziehung, beziehungsweise vor neuen Aufgaben stehen. Das Leben füllt sich wieder, es ist keine Leere! Jetzt beginnt die zweite Lebenshälfte, gleichsam die Neugestaltung.

3. Der Standpunkt

Hier soll das angesprochen werden, was bei vielen Menschen entsteht, die in Verpflichtungen und Aufgaben so eingebunden waren, dass sie darüber sich selbst vergessen haben, ihre eigenen Wünsche und Meinungen immer zurückstellen mussten. Es ist die große Chance, sich wieder ganz neu zu entdecken, vor allem an sich zu arbeiten, um selbst zu sein, Glück zu spüren und zu schenken. In der Reflektion mit der Umwelt seine Rolle neu zu finden und der menschlichen Kreativität wieder mehr Aufmerksamkeit zu schenken.

»Ich habe für mich und mein Tun Verantwortung, auch für meine Gesundheit und meinen Körper.« Nur wenn ich diesen Standpunkt vertreten kann, fallen mir Entscheidungen leicht, nur wenn ich zu mir stehe, bin ich entscheidungsfähig. Daran muss man immer von Neuem arbeiten. Je manipulierter, beeinflusster der Mensch ist, desto besser kann man mit ihm machen, was man will. Aber je mehr der Mensch lernt, seinen Standpunkt zu vertreten, umso mehr wird er ernst genommen. Umso mehr ich zu mir stehe, desto besser geht es mir.

Der Mensch mit gesundem Selbstbewusstsein steht auch Süchten fern. Wer sich nicht zu lieben gelernt hat, von Kindesbeinen an, hat immer die Angst, auch von anderen nicht geliebt zu werden. Da entsteht die Eifersucht! Eine Plage ist sie. Wie jede andere Sucht ist die Eifersucht eine Krankheit. Wenn sie nicht zur Katastrophe führen soll, muss sie behandelt werden. Eifersucht macht viel kaputt, trennt Beziehungen, entbehrt jedes Selbstbewusstseins und jeder Selbstachtung. Eifersüchtige Menschen suchen die Anerkennung von außen und können in ihrem Bestreben danach rücksichtslos werden. Gerade in einer Partnerschaft wird so ein einst süßes

Lächeln zur Folter in einer krankmachenden Umgebung. Auch der Alkoholiker, zunächst freundlich und nett, wird irgendwann zu einem unerträglichen Gegenüber. Einen Standpunkt zu haben muss man lernen. Es tut einem selber gut und befreit von ewiger Angst. Menschen mit Süchten sind einsame Menschen. Darum ist es wichtig, zu lernen, sich selbst zu achten, zu lieben, mit den eigenen Fähigkeiten und Gaben Schönes zu gestalten. Beziehungen zu anderen Menschen sind daher von Bedeutung!

4. »Sorget nicht« *(Matthäus 6:25)*

Viele Menschen fühlen sich nur wohl, wenn sie vom Morgen bis zum Abend jammern können. Auch hier ist etwas nicht gelernt und praktiziert worden. Da gibt es Menschen, die von so viel geplagt sind sind, dennoch können sie lachen, das Leben gestalten, den Alltag bewältigen und sich für andere, egal ob innerhalb oder außerhalb der eigenen Familie, einsetzen.

Dem gläubigen Christen sagt Jesus: »Sorget nicht! Sorget nicht für euer Leben, was ihr essen und trinken werdet, auch nicht für euren Leib, was ihr anziehen werdet. Ist nicht der Leib mehr als die Speise? Und der Leib mehr als die Kleidung?« *(Matthäus 6:25)*. Das setzt voraus, dass der Mensch glaubt. Glaube vermittelt so etwas wie Vertrauen, Gelassenheit und Zuversicht und nur wer dies in sich trägt, hat auch die nötige Kraftquelle für den Alltag. Nun will solcher Glaube nicht zum Nichtstun oder Abwarten erziehen, nein, solcher Glaube soll eine gewisse Gelassenheit entwickeln, nicht gebunden sein. Mit Sorgen, die an einem fressen, lebt es sich schlecht. Kann sich aber der Mensch an den liebenden Vater im Himmel wenden, dann kann er die Sorgen kundtun und abladen. Das heißt ja nicht, dass er sich der Verantwortung entzieht und nicht nach Lösungen sucht, nein, er übergibt Last, ist »erleichtert«, kann sich anderen Dingen zuwenden, nach Lösungen suchen.

Mit solchem Denken sieht dann die Welt wieder anders aus. Man spürt, dass eine heile Welt in einem selber entwickelt werden muss. Mit einem gefestigten Glauben kann ich Ruhe finden, was ohne Glauben kaum möglich ist. Aus solcher Ruhe heraus, die von innen kommt, treffe ich Entscheidungen anders, gehe auch bewusster durch das Leben, knüpfe andere Beziehungen. Jeder weiß, was es heißt, auf starke Schultern abladen zu können. Glaube schenkt Hoffnung, gibt mir Ziele vor, macht Mut zum Tun.

5. Immer wieder: Glaube, Liebe, Hoffnung

Im Neuen Testament, 1. Korinther 13, heißt es: »Wenn ich mit Menschen- und Engelszungen redete und hätte der Liebe nicht, so wäre ich ein tönend Erz oder eine klingende Schelle.« Und im letzten Vers heißt es: »Nun aber bleiben Glaube, Hoffnung, Liebe, diese drei; aber die Liebe ist die Größte unter ihnen.« Es wird mir viel gelingen, wenn ich in solchem Glauben lebe. Jede Beziehung unter diesem Vorzeichen wird anders sein, jede Aktion hat mehr Leben und Erfolg, schafft mehr Befriedigung.

Von der Liebe kann man sagen, dass sie der Motor, die Erfüllung, die Kraft für unsere Seele ist. Die Liebe im Glauben ist Gott in mir. Er will nicht in mir oder durch mich schlafen! Gott will, dass ich in Bewegung bin, dass ich in ihm und durch ihn lebe und die Möglichkeit nutze, ein Leben in Liebe mit anderen Menschen zu leben. Unser Ziel sollte es immer sein, Gott durch uns nicht zu behindern. Unser Reden von ihm kann nur durch Liebe lebendig sein. Anders wird uns viel verschlossen bleiben. Die Liebe schafft Ahnung!

Zu mir und zu meinem Sein muss ich selber finden, wenn ich es nicht in meiner Kindheit durch meine Eltern vermittelt bekam. Die Chance zum Finden muss mich aber auf den Weg bringen, ich muss Möglichkeiten finden, suchen! Es ist nicht leicht, besonders, wenn man vom Weg abgekommen ist und erst wieder zurückfinden muss. Unsere Seele signalisiert uns etwas, wir müssen die Kommunikation mit ihr nur lernen. Glaube bedingt Liebe und aus ihr entsteht Hoffnung. Hier ist ein Weg zum Glück. Ein Leben ohne dies wäre doch trostlos.

Menschen müssen ab einem bestimmten Alter lernen, dass sie sich selbst einschalten müssen, um mit sich und ihren eigenen Problemen fertig zu werden, eine Stütze »von oben« kann aber sehr hilfreich sein. Ein Satz noch zur Dankbarkeit: Wir haben genug zu essen und zu trinken, leben unter einem Dach, haben Kleidung usw. Dies alles ist einen Dank wert! Nun hat jeder Mensch seinen eigenen Glauben und denkt vielleicht gar nicht über seinen Wohlstand nach, sieht alles als selbstverständlich an. Mit Dankbarkeit den Tag zu beginnen kann das Leben froher machen.

6. Vorwurf und Selbstmitleid

Wenn ich den Karren in den Sand gesetzt habe, dann hilft kein Selbstvorwurf, dann muss ich meinen Geist einsetzen und überlegen, wie ich alles wieder in die Reihe bekomme. Aus Fehlern lerne ich und nicht aus Selbstbeschimpfung. Wofür sind wir mit Geist, Logik, Fantasie ausgestattet? Und dann das »Wie du mir, so ich dir!« Wie ich mit mir umgehe, wie ich mich behandle, so gehe ich auch mit anderen Menschen um, ganz egal, ob kleinen oder großen. Also auch meine Umgangsweise hängt von mir ab. Manches wäre leichter zu lösen, wenn meine Hilfsbereitschaft aktiv wäre, wenn mir der Anstand gegenüber anderen Menschen etwas mehr bewusst würde. In unserer Welt geht die Anständigkeit verloren. Liebe im Umgang gegenüber mir und anderen Menschen ist ein rentables Ziel. Nur so kann ich in mir Glücksgefühl erzeugen.

Und dann gibt es Menschen, die durch ihr Selbstmitleid völlig verformt werden, wörtlich! Was ist Selbstmitleid? Die Inkonsequenz, die Dämlichkeit, die Blindheit gegenüber mir und anderen Menschen! Jedenfalls die totale Destruktion, Unfähigkeit, der Stillstand. Dieser Zustand ist so etwas wie Ersticken, hier Selbstersticken. Es sind Menschen, die Babys bleiben wollen, die Nahrung von anderen haben wollen, sich all ihrer Fähigkeiten beraubt haben und praktisch ihrer selbst enteignet sind. Es ist der Zustand, bei dem jede Form von Verantwortungsbewusstsein verloren scheint. Was wäre, wenn sie sich einmal selbst betrachten würden? Stattdessen wollen sie sich bemitleiden lassen von denen, die diese Dummheit auch noch fördern.

Noch eine Bemerkung: Es gibt Menschen, die durch ihre Medikamente von sich getrennt werden! Leider wird dies viel zu wenig beachtet, aber manche Medikamente »entmündigen«! Selbstmitleid ist destruktiv. Durch Engagement wäre dieser Erkrankung zu helfen. Die beste Medizin zur Abhilfe ist Aufklärung. Einem Menschen, der im Selbstmitleid zu versinken droht, muss man Arbeit schaffen, eine Tätigkeit, die zum Nachdenken führt, die Freude macht. Ein Mensch, der sich an nichts halten kann, der versinkt.

7. Achtung vor sich selbst, eingeschränktes Können

Menschen mit Behinderung suchen gerne und oft nach Möglichkeiten, teilnehmen zu können. Von klein auf wollen sie mitmachen. Der Wert jedes Menschen ist gleich. Und so, wie ich Achtung gegenüber diesen Menschen praktizieren soll, so müssen auch diese Menschen lernensich zu achten, zu schätzen und zu lieben. Wie viele Sinne hat der Mensch? Dessen sollte er sich immer bewusst sein! Es ist nicht selbstverständlich, sehen zu können, zu hören, Düfte zu erspüren, singen und reden zu können, auch in anderen Sprachen, weil das Gehirn mit seinen vielen Funktionen die Möglichkeiten in vielfältiger Art schafft.

Dass mir Arme, Beine, der ganze Körper eine Fülle von Fähigkeiten möglich macht, kann ich nicht genug bedenken. Was ist, wenn etwas ausfällt? Damit müssen sich manche Menschen herumschlagen. Besser wäre es, anzunehmen und das Beste daraus zu machen, Wege zu suchen und zu finden, die Einschränkung anzunehmen und dadurch die Kraft und Energie richtig einzusetzen. Herumschlagen verbraucht unnütz Kräfte!

Die Achtung vor sich selbst ermöglicht dies. Das Wissen, dass Gott mich so geschaffen hat. Und wenn ich selber die Schuld dafür trage? Auch dann hilft kein Jammern, sondern Überlegen. Finden, aktiv sein. Jeder kann seinen Platz finden, wichtig ist, sich nicht zu isolieren. Weisheit des Lebens ist nicht ans Alter gebunden, Weisheit ist die Erkenntnis meiner Unvollkommenheit (dies gilt für alle Menschen). Weisheit ist Suche, Stille, Hören, nie das »Zuklappen«.

8. Hüte dich vor Flucht

Es gibt viele Gründe für eine Flucht, aber alle Formen haben etwas mit Angst zu tun, immer ist Bedrohung der Grund, wenn auch nur geglaubte. Hier soll der Blick auf Lebensangst, also das Davonlaufen vor den Aufgaben und der Bewältigung im täglichen Leben, gehen. Kinder haben Angst, wenn ihnen das Urvertrauen fehlt, dann bewirkt auch gutes Zureden wenig. Viele Menschen leben in ständiger Angst. Jede Prüfung wird zum Trauma. Selbst ganz normale Dinge zu erfüllen macht diesen Menschen grenzenlose Angst. Oft leben sie allein und jede Konfrontation bewegt zur Flucht. Weg, das schaffe ich nicht, bloß weg!

Allein können Menschen mit dieser Störung nicht fertig werden, da braucht es Menschen oder noch besser Gruppen, in denen Selbstbewusstsein aufgebaut wird und dem Menschen ein Halt gegeben wird. Schwierig ist natürlich in solchen Fällen auch eine Partnerschaft, weil diese unwillkürlich mit Pflichten einhergeht. Das gemeinsame Üben ist schwer und braucht einen Fachmann oder eine Fachfrau. So könnte das nachgeholt werden, was, wodurch auch immer, sei es durch Kindheits- oder Lebenserfahrungen, der Psyche einen Schaden zugefügt hat. Die Seele hat Schmerz, psychosomatische Störungen treten auf. Hier wird deutlich, was es heißt, wenn die eigene Ich-Entwicklung blockiert ist. Die in sich starke Persönlichkeit sucht immer nach Wegen zu einer Lösung. Und auch hier ist ein Eingebundensein in eine Gemeinschaft von Vorteil.

9. Ist Krankheit Strafe?

Diese Frage treibt viele Menschen um. Soweit man Strafe als Folge eigenen Versagens sieht, so ist dem wohl nicht zu widersprechen. Rase ich bei Glatteis, ist ein folgender Unfall meine Schuld und ich habe die Verletzung verschuldet. Wenn jedoch der Mensch einer Krankheit ausgeliefert ist, die woher auch immer kommt, können viele Dinge der Grund sein. So leben viele Menschen, bedingt durch ein schlimmes Erlebnis in Kindheit, Jugend, Erwachsenenalter, mit einem Trauma, welches verdrängt wurde.

Nun, in Zeiten größerer Ruhe, kommt es hoch und dann nicht in der Erinnerung, sondern als Krankheit verkleidet. Die Krankheit ist also gleichsam die Folge des traumatischen Erlebnisses. Hier wäre entsprechende Therapie nötig. Ein solches Trauma entsteht nach schlimmen Erlebnissen, die die Seele getroffen haben. Das können Missbrauchsfälle in der Kindheit gewesen sein. Die Seele hat registriert, was der Verstand noch nicht einordnen konnte. Es können auch körperliche Strafen ganz besonderer Art sein, wo dem kleinen Menschen sein Ausgeliefertsein und sein Unterliegen deutlich wurde. Auch ein großer Schreck oder schlimme Unfälle können zu traumatischen Folgen führen. Das Verlassenwerden, von welchem ein Mensch plötzlich erfährt, auch das trifft manche Seele tief und die Folge kann ein Trauma sein. Eine solche Erkrankung bedarf einer psychologischen Therapie. Psychosomatische Erkrankungen bedürfen einer gezielten, meist stationären Therapie. Wenn ich mich mag, dann höre ich auf meinen Körper, wenn er signalisiert, dass etwas nicht stimmt, wenn er besondere Belastungen hat, etwas drückt! Andererseits gehe ich bewusst mit meinem Körper um, esse nicht wahllos, achte auf den Körper und pflege ihn.

Viele Krankheitsauslöser kann ich im Vorfeld verhindern. Sicher, es gibt auch die Krankheit, gegen die ich nicht viele Möglichkeiten habe und bei denen der Arztbesuch nötig wird, aber auch da kann ich durch bewusstes Leben viel dazu beitragen, die Genesung zu fördern. Das Wertvollste, was ich besitze, ist mein Körper, bestehend aus Leib, Seele und Geist. Alle drei stellen eine Einheit dar und ich muss damit gut und sinnvoll umgehen. Also sollte ich alles, was hinderlich ist, abstellen, alles, was förderlich ist, praktizieren. Mein Leben liegt in meinen Händen, ich muss es gestalten. Aus der Dankbarkeit zu leben macht stark, hilft gegen Krankheit. Hier möchte ich noch einen Gedanken von Sokrates anfügen: Er empfand Dankbarkeit als ein ungeschriebenes Gesetz der Götter. Wer nicht dankbar sei, habe gegen die Götter gefrevelt.

10. Kraft des Glaubens

Mensch, bedenke deine Chance, die du hier im Leben hast,
viel dient hier zu deiner Freude, es sei denn, dass du es verprasst.
Deine Seele gibt dir Stärke für den langen Lebensweg,
Glaube fördert deine Werke, zeigt den rechten Lebenssteg.
Glück begleitet dich in Hoffnung, öffnet Augen dir und Ohr,
durch das Tun bist du zufrieden, liebst das Leben, mehr als je zuvor.

W. F. Esch

Viele Menschen umgehen die Frage nach dem Glauben, hier dem christlichen Glauben. Aber der Glaube ist eine wesentliche Angelegenheit und die Nahrung für die Seele. Unsere Seele ist die Verbindung zu Gott, die Kraftquelle für unser Leben, die Energie für all das, was wir leisten müssen. Durch die richtige Beziehung zu Gott, durch den Glauben, erfährt der Mensch Freiheit. Freiheit kann glücklich machen und das ist wiederum sehr wichtig im Leben. Allerdings verlangt solcher Glaube auch, dass der Mensch die Verlogenheit ablegt, somit auch die Lieblosigkeit gegenüber anderen. Glaube schafft innere Freiheit, lässt Geduld und Respekt keimen und gibt der Liebesfähigkeit die Kraft; erst dann versteht man, was es heißt einander zu lieben.

Zu wissen, dass dieser Gott, der Vater im Himmel, uns in diese Welt hineingegeben hat, dass wir lernen, mit der Freiheit, der Verantwortung und Achtung zu leben, in

Respekt vor der ganzen Schöpfung diese mit Liebe behandeln, macht glücklich. Ein gläubiger Mensch fühlt sich nicht allein, er ist eingebunden in alles Leben, im Zusammenleben mit anderen Menschen, ist sich seiner Verantwortung bewusst. Wenn mir das Bewusstsein gewachsen ist, dass ich Teil der Schöpfung bin, dann kann mir das Gefühl des Eingebundenseins in alles, was mich umgibt, beruhigen. Die Kirche Jesu Christi besteht fast 2000 Jahre. Die Worte der Bergpredigt Jesu kennen leider nur noch wenige. Dabei sind es diese Worte gewesen, die den damals verunsicherten Menschen neue Orientierung und Lebenshilfe gaben. Diese Worte neu zu vertiefen und nachzulesen, kann sinnvoll und stärkend sein. »Tut Buße« war eine Kernaussage dieser Bergpredigt und meinte, dass wir lernen müssen umzusinnen, neu zu bedenken, variabel zu sein. Reue heißt Erkennen und Buße Umsinnen. Beides schafft Bewusstsein.

Viele Menschen heute leben in einer Art Getrenntheit, einer Persönlichkeitsstörung. Glaube will mich wieder in Eins bringen, die Gewissheit des Angenommenseins schaffen, somit Ruhe ins Herz und in die Seele geben. Glaube aber muss leben. Es ist nichts, womit ich mich im stillen Kämmerlein begnüge. Es ist die Energie, die von mir Leben verlangt, Tun, Engagement und Begegnung, und dadurch erfahre ich wiederum das Gefühl der Zufriedenheit und des Glücks. Das wichtigste Gebot sagt:

»Du sollst Gott, deinen Herrn, lieben von ganzem Herzen, ganzer Seele und ganzem Gemüt.« Das andere ist dem gleich: »Du sollst deinen Nächsten lieben wie dich selbst!« Wenn wir den letzten Satz zuerst bedenken, den Wortlaut reflektieren, stoßen wir auf etwas, das man leicht übersehen kann, aber sehr wichtig ist: Das Wort »lieben«.

Ohnehin ist in unserer Zeit der Begriff Liebe etwas in Verkommenheit geraten. Sicher, seine Kinder lieben, die Eltern lieben, den Nächsten lieben, aber was meint dies? Das Gebot sprich davon, dass ich mich lieben soll. Der Glaube will mir vermitteln, dass ich ein Geschöpf Gottes bin, durch meine Eltern in diese Welt gekommen. Ich bin ein Geschenk von Gott an mich, besitze also dieses Geschenk. Es ist mein Leib, meine Seele und mein Geist. Alles gehört mir, alles darf ich nutzen, achten, lieben, mit Liebe behandeln und respektieren. Viele Menschen, die Selbstachtung nie gelernt haben, schauen immer neidisch auf andere. Bei diesen Überlegungen fällt mir immer ein Beispiel ein, die Orgel. Eine Orgel hat viele Pfeifen, kleine und große. Bestünde sie nur aus großen Pfeifen, wäre sie kein zu gebrauchendes Instrument. Eines ergänzt das andere. Manche Menschen betrachten sich als »kleine Pfeife«, blicken immer auf die »großen« (Pfeifen), fühlen sich unfähig etwas zu tun und entschuldigen sich damit, dass sie aus diesem oder jenem Grund nicht aktiv sein können. Ob es hier vielleicht an Selbstachtung fehlt? Lieben sich diese Menschen nicht?

Wenn ich glaube, dass Gott mich mit den Gaben ausgestattet hat, die zu mir gehören, dann lebe ich doch zufriedener, kann das, was an mir ist, nutzen, bin dankbar! Sich selbst lieben, sich morgens vorm Spiegel mit einem freundlichen Lächeln und einem »Guten Morgen« begrüßen – das ist wirklich so gemeint! Wer sich selbst so begegnet, achtet auch andere Menschen und reagiert anders. Egal ob kleine oder große Pfeife, im Zusammenspiel des Lebens sind alle wichtig. Die Kunst des Lebens erfordert einige ganz wichtige Akzente, sie tragen dazu bei, dass ich Glück erlebe; alles aber nur, wenn ich aktiv bin, mich achte. Die Vereinigung mit einem Menschen oder, religiös ausgedrückt, mit Gott, ist keineswegs irrational.

Dann gibt es aber noch eine andere Gruppe: Es sind die Menschen, welche sich zu einem Bund zusammengeschlossen haben. Dort übernimmt ein »Oberster« die Verantwortung und entmündigt gleichsam alle anderen. Wo dem Menschen die Eigenverantwortung genommen wird, wird die Beziehung zu Gott gestört, die Kraft des Glaubens genommen und die Quelle erstickt. Blinder Gehorsam hat noch nie in der Geschichte etwas bewirkt, nur Diktaturen gestärkt. Freiheit, die mir durch den Glauben geschenkt wird, ist ein Instrumentarium, mit dem ich lernen muss umzugehen. Sie hat sehr viel mit Verantwortung zu tun. Keinesfalls heißt es, dass ich tun kann, was ich will! Freiheit hat Gott jedem Menschen geschenkt, jeder ist für sein Tun verantwortlich. Gott braucht keinen Vertreter auf Erden, er ist selber da. Was Gott möchte, sind Jünger, sowohl weibliche wie männliche, die seinen Willen tun, Liebe üben.

11. Partnerschaft

Jeder Mensch hat seine eigene Identität. Seine Persönlichkeit hat besondere Interessen, Begabungen und Wünsche, die hoffentlich im Laufe des bisherigen Lebens nicht verschütt gegangen sind. Partnerschaft soll ein sich gegenseitiges Fördern sein. Das Achten des Gegenübers macht Lust zur Gemeinsamkeit. Das Verstehen des anderen aktiviert auch seine Kreativität, den Ausbau der Begabung. In allen Phasen des Lebens gibt es Dinge, die gelöst werden müssen. Konflikte entstehen und da muss nach Lösungen gesucht werden. Hier ist die Gemeinsamkeit Hilfe und Entspannung. Gerade wenn allmählich die täglichen Verpflichtungen wegbrechen, weil die neue Lebenssituation etwas ruhiger wird, soweit nicht eigene Berufsarbeit den Tag füllt, sucht man nach neuen

Akzenten der Lebensführung, neuen Zielen, die erst jetzt angesteuert werden können.

Es gibt aber nicht nur die positive Seite der Partnerschaft. In allen Beziehungen gibt es auch Krisen. Hier den richtigen Weg zur Lösung zu finden ist oft nicht leicht, besonders, wenn die Kommunikation unterbrochen ist und man sich allein und verlassen fühlt. Da ist es wichtig, sich einen Gesprächspartner zu suchen. Wenn es zu ständigen Auseinandersetzungen kommt, ist oft eine konsequente Lösung die bessere. Eine andere Zwischenphase wäre die vorübergehende Trennung, immer mit der Hoffnung, dass sich wieder Wege zu einer erneuten Zweisamkeit anbahnen. Eine Trennung ist besser, wenn die Zugangswege zum anderen versperrt sind. Jedenfalls sollte eine Trennung nicht mit Verachtung enden, jede Persönlichkeit zeigt Macken.

Das fortschreitende Alter bringt auch eine Partnerschaft in Unruhe, wenn eine Krankheit oder andere Schwächen auftreten. Da ist die Partnerschaft besonders gefragt und wichtig. Das Besprechen der Situation kann ihr die Spitze nehmen und das Spüren des Einfühlens gibt Kraft und Mut. Was nicht unerwähnt bleiben soll, sind die Wechseljahre, sowohl beim Mann wie bei der Frau. Diese Zeit braucht Einfühlungsvermögen, verändert sie doch oft die Persönlichkeit auf vielen Ebenen. Ähnlich wie in der Pubertät erfährt der Mensch einen hormonellen Wandel, der besonders die Gefühlsebene betrifft. Gewohnte Verhaltensweisen können sich total verändern. Das Wissen darum kann helfen. Eine Partnerschaft, die trägt, ist ein schönes Gefühl.

12. Lebenskrise

Wenn Aufgaben wegbrechen, die berufliche Situation mit Schwierigkeiten verbunden ist, die Partnerschaft zerbrochen ist oder gesundheitliche Probleme überhandnehmen, kann es zu einer Lebenskrise kommen, dem Zustand, in dem man glaubt, es gehe nicht weiter. Dieser Zustand und das Gefühl des Alleinseins scheinen zu erdrücken. Da ist es angesagt, den Kontakt zu einem Therapeuten oder zu lieben Menschen zu suchen. Eine Bewältigung allein ist in solch einem Zustand kaum möglich. Vielleicht hilft es aber auch, einen neuen Aufgabenbereich ins Auge zu fassen. Viele Organisationen suchen Menschen, die sich engagieren und anderen Menschen helfen, die auf solche Hilfe angewiesen sind. Und gerade die ganz andere Begegnung mit Menschen kann gut tun und den eigenen Schmerz verringern, zumindest steckt man nicht mehr im Loch. Engagement gibt es auf allen Gebieten, je nach Fähigkeit und Lust.

Übrigens, manche Mutter wäre froh, wenn sie eine zuverlässige Aufsicht oder Tagesmutter hätte. Der Umgang mit Kindern macht viel Freude, die neue Aufgabe zeigt, dass ich gebraucht werde. Jeder Mensch ist viel wert, das nötige Selbstbewusstsein muss ständig neu aufgebaut werden.

Nun besteht aber diese Neubelebung des eigenen Ichs nicht nur im Engagement für andere Menschen. Nicht ohne Bedeutung ist eine ganz bewusste Neuorientierung,. Das kann im künstlerischen Bereich sein, vielleicht etwas, was man aus Zeitgründen immer hinausgeschoben hat. Um neuen Anschluss zu finden, gibt es viele Angebote von Kursen. Da alle Teilnehmer lernen wollen, kommt man sich nicht abseits vor, sondern wie alle zunächst suchend. Vielleicht gibt es auch andere Sehnsüchte, solche, die in die Ferne gehen. Auch hier gibt es viele Möglichkeiten der Gruppenreisen. Das Neue, die anderen Menschen und das gemeinsame Erleben machen die Vergangenheit lichter und wecken neue Lebensgeister. Hier gilt das Sprichwort: »Wer nicht wagt, der nicht gewinnt.« Dass ich mich orientieren kann, reisen kann, die Schönheiten der Erde erleben kann, ist das nicht ein »Danke« wert an den, der mir täglich die Kraft schenkt, mir Leib, Seele und Geist gibt, sodass ich damit leben kann?

13. Medienkonsum

Gerade für Menschen, die lange unter Stress standen, kann der Medienkonsum Gefahr bedeuten, besonders dann, wenn der tägliche Fernsehkonsum zum Tagfüller wird, also sonst wenig mehr genutzt wird. Der Fernseher sollte ganz bewusst angeschaltet werden, also für ausgesuchte Sendungen. Unsere grauen Zellen brauchen etwas zu tun, durch Nichtstun sterben sie ab. Das Lesen fordert den Geist, dabei entstehen Bilder, Gedankengänge, man kann innehalten und weiterdenken. Ein gutes Buch war schon immer eine sehr gute Freizeitbeschäftigung. Will man sich über Tagesthemen auf dem Laufenden halten, vermögen dies auch die Zeitungen und Radiosendungen. Gerade Menschen, die sich sehr viel der geistigen Betätigung verschrieben haben, sollten Entspannung nie als Aufhören solchen Tuns verstehen. Das Gehirn würde innerhalb kurzer Zeit enorm abbauen, seine Leistungsfähigkeit verlieren. Zum besseren Verständnis: Muskeln werden sehr schnell abgebaut, wenn man sie nicht mehr aktiviert. Und so baut das Gehirn, wenn keine Leistung mehr eingefordert wird, sehr schnell ab und die Folge ist das, was keiner will: Sowohl die Merk- als auch die Assoziationsfähigkeit gehen verloren. Laufendes Nutzen des Gehirns heißt also, aktiv mit dem Gehirn umzugehen. Wenn man Vorträge hört, mitschreibt, hinterher reflektiert, was man behalten hat, Bücher liest, den Inhalt versucht zu rekonstruieren, sich nicht scheut Briefe zu schreiben, also Kontakte zu halten, dies alles lässt den Geist aufleben. Briefkontakte können manche Geister wecken und der Erinnerung Lichter anzünden. Das eigene Aufzeichnen vergangener Erlebnisse entwickelt Bilder, die unser Gehirn einmal aufgezeichnet hat. Überhaupt ist das größte Archiv von Bildern und Erlebnissen in unserem Gehirn gespeichert – nur heben muss man den Schatz, sich Zeit geben. Seine Ohren sollte man nicht unnütz mit Kopfhörern belasten, denn die offenen Ohren können vergangene Geräuschbelästigungen abbauen und durch natürliche Umweltgeräusche befrieden. Wenn man in die Jahre kommt, dann beginnen auch die Erinnerungen zu wachsen.

»In Muße sind allein jene, die für die Philosophie Zeit haben; nur sie leben wirklich; denn sie hüten nicht nur die eigene Lebenszeit gut, sondern verstehen jede Zeit der eigenen hinzuzufügen; wie viele Jahre auch vor ihnen dahingegangen sind, sie haben sie zu ihrem Besitz gemacht. Wenn wir nicht ganz unfähig sind, Wohltaten anzunehmen, so sind all die Begründer ehrwürdiger Lehren für uns geboren, haben uns das Leben vorbereitet. Zu den schönsten Dingen, die durch anderer Menschen Mühe aus dem Dunkel ans Licht geholt worden sind, werden wir geleitet; kein Jahrhundert ist uns versagt, zu allen haben wir Zutritt; und wenn wir durch die Kraft des Geistes die Beschränkung menschlicher Schwachheit überschreiten wollen, so haben wir einen weiten Zeitraum, den wir durchwandern können.«

Seneca

14. Der erfüllte Weg, Engagement

Der Mensch also, der einen erfüllten, glücklichen Verlauf seines Lebens anstrebt, muss seine soziale Kompetenz, sein Engagement in Umwelt und Gesellschaft einbringen, somit ein die Lebenskunst anstrebendes Glied der Gesellschaft sein. Die Versteinerung, egal ob im Geist oder in der Seele, lässt dem Bewusstsein keine Luft. So ein Mensch fühlt sich eingemauert. Keine Freude, keine Liebe, kein Glück kommen durch diese Mauer durch. Nur beständige Liebe kann solchen Zustand lösen. Solange für den Menschen von heute die einzige Maxime lautet: Was du mir gibst, gebe ich dir zurück, also der rein kapitalistische Grundsatz herrscht, sowohl für Ware als auch für Liebe, klafft etwas offen! Und so ist ein Glücksgefühl des Menschen kaum auszumachen.

Zur Gestaltung eines glücklichen Lebens braucht jeder Mensch ein Fundament, auf welchem er sicher stehen kann. Der Glaube gibt der Liebe, als ein Akt des Glaubens, die Kraft zur Aktion, zur Erfüllung. Wir brauchen für unser Leben Orientierung, das Bewusstsein der Anständigkeit! Dazu gehört natürlich zuerst das Lernen, lernen, wie ein Kind das Laufen lernt, Schritt für Schritt. Und aus dieser gelernten Sicherheit heraus, einem vom Glauben getragenen Selbst, findet man die Grundlagen seines Identitätserlebnisses. Man hat Hoffnung und kann eine Zukunft sehen. Unsere Lebensvorstellung wurde uns einmal vermittelt, wir jedoch brauchen den Mut zu einer Selbstverwirklichung. Glücklich der, der seinen Blick auf andere Menschen in Not richtet.

Was ist für mich dabei, wenn ich mich anderen Menschen zuwende? Was ist dabei, wenn ich mir Zeit nehme für ihren Schmerz, ihren Kummer, ihr Leid? Es kostet mich nichts, im Gegenteil, mir wird durch die Tröstung eines anderen Menschen Energie gegeben, weil ich es kann, vielleicht auch die Erkenntnis, wie gut es mir geht. Gemeinsam getragenes Leid ist dann nur noch halb so schwer. Zu leben mit Gerechtigkeit ist oft nicht einfach, aber es macht froh. Das Gefühl, das bleibt, ist Glück! Das ist erfülltes Leben.

»Selig sind die da hungert und dürstet nach Gerechtigkeit; denn sie sollen satt werden.«

Matthäus 5:6

15. Verlust der Partnerschaft

Verlust bedeutet, ich habe etwas verloren, mir fehlt etwas, das kann vielerlei sein, vielleicht meine zweite Hälfte. Eine gewachsene Partnerschaft bestand, zwei Menschen haben sich lieben und schätzen gelernt, zusammengelebt, Gemeinsamkeiten geteilt und plötzlich passiert durch Trennung oder Tod der Bruch, alles ist aus. Eine Beziehung ist zu Ende gegangen, es ist ein Loch da, etwas fehlt. Tränen werden fließen, sie helfen zwar, können aber nicht wiederherstellen, was fehlt. Ich muss also die Initiative ergreifen, mich umorientieren, nach einem Weg suchen, bei dem ich nicht auf der Strecke bleibe, sondern weiterleben kann. Hier sind andere Menschen bedeutsam, es ist wichtig, dass man sich aussprechen kann.

Nun ist es ja so, dass jeder Mensch eine ganz eigene Person, Persönlichkeit ist, mit eigenen Vorstellungen, Gefühlen, Wünschen und Sehnsüchten. Vieles wird vielleicht auch einige Jahre unterdrückt, bleibt unausgesprochen. Dann sind auch manche Anforderungen verändert und da nutzt man die Chance zum Absprung. Manche zögern noch, andere machen einen konsequenten Schnitt. Solange es nur um zwei geht, die Partner, ist es noch einfach. Wenn aber auch Kinder mit betroffen sind, dann wird oft ein ganzes Knäuel von Aufgaben zu lösen sein, mehr, als vorher vermutet. Und was ist mit den sicheren Abläufen des Alltags? Was geht an Bequemlichkeit verloren? Die gewohnte Umgebung ist weg, die Forderungen, die Ansprache, das Gegenseitige. Wichtig ist, zu sich zu stehen, mit sich die neue Situation zu meistern, so gut es geht, und jene einzubeziehen, die dies leisten können, zu denen Vertrauen besteht. Neubeginn ist nicht leicht, aber er hat auch einen bestimmten Reiz, nämlich zu erleben, dass die eigene Kreativität nicht verloren ist und man selber kann. Wir müssen immer neu lernen, unseren wertvollsten Körperteil, den Kopf, den Verstand, für die anstehenden Probleme zu nutzen und die besten Lösungen zu finden.

16. Freundschaftliche Beziehungen

Hier sind Gegenseitigkeit, Respekt, Fürsorge und gegenseitige Achtung gefragt. Als geborenes Sozialwesen ist jeder Mensch auf andere Menschen angewiesen, sei es als bloße Bekanntschaft, Nachbarschaft, Freundschaft oder Partnerschaft. Alle diese Beziehungen habe für die Existenz eines Menschen Bedeutung. Schon früh in Kindheit und Jugend beginnen Freundschaften wichtig zu sein, und werden von der Geburtstagsfeier im Kindergarten bis hin zu Partys gepflegt. Gemeinschaftliche Unternehmungen haben früh ihren Beginn und setzen sich, je nach Alter in entsprechender Form, weiter fort. Der Mensch, der derartige Beziehungen meidet, wird einen Aktivitätsschwund erleiden. Gemeinsame Interessen tragen zu freundschaftlichen Gemeinsamkeiten bei. Gemeinsamkeit in Kunst und Kultur, im Chor, im Sozialengagement festigen nicht nur Beziehungen, sie sind auch förderlich für einen gesunden Persönlichkeitserhalt. Motivation entsteht nun einmal durch innere Freude, durch Zielsetzung und aktives Tun. Abkapselung wäre also nicht gut, weil dadurch ganz bestimmte körperliche und geistige Fähigkeiten verloren gingen, die wichtig sind zur Erhaltung der Beweglichkeit. Freundschaftliche Beziehung hat immer etwas mit Gegenseitigkeit zu tun, einer für den anderen. Sie schenkt Freude und nicht selten werden so alte und schon längst vergessene Fähigkeiten wieder lebendig. So manche kreative Begabung löst eventuell wieder neuen Schwung aus.

17. Gespräch mit dem Körper

Was Kommunikation ist, weiß jeder, und diese ist wichtig für den Erhalt jeder Beziehung. Wie wichtig es ist, mit dem eigenen Körper zu »reden«, das soll hier angesprochen werden. Zunächst geht es ja um die Wahrnehmung des Körpers, seiner Bedürfnisse, um Aufgaben und Pflichten gegenüber diesem meinem Körper. Wenn es mir gut gehen soll, soweit kann mir sicher jeder zustimmen, muss ich mit meinem Körper verantwortungsvoll umgehen. Dazu gehört eine gewisse Regelmäßigkeit, was die Ruhe und die Aktivität angeht. Leib, Seele und Geist stellen die Einheit Mensch dar und jeder Teil benötigt »Nahrung« und bewussten Umgang. Umso mehr Nutzen habe ich für mein Leben.

Beginnen wir beim Essen und dem, was ich zu mir nehme, um über die nötige Energie zu verfügen. Dazu ist es nicht verboten, seinen Körper zu betrachten. Wie fühle ich mich? Ernähre ich mich richtig? Bekommt mein Körper das, was er braucht, um funktionsfähig zu sein, oder füttere ich mich nur schnell und unbedacht ab? Denke ich an die wichtige Flüssigkeit? Das Blut braucht Wasser, damit es nicht zu dickflüssig wird und vielleicht meine Gehirndurchblutung nicht richtig funktioniert.

Meide ich die schädlichen Dinge und schütze so das Herz, die Lunge. Rauchen kann man sich abgewöhnen!

Bewege ich mich regelmäßig? Gehe ich an die frische Luft, um meinem Körper Auftrieb zu geben? Höre ich auf bestimmte Regungen des Körpers? Krankheit kann zunächst ich selbst verhindern, indem ich mich nicht schädlichen Dingen aussetze. Wie gehe ich mit Verletzungen um? Jedes ganz bewusste Verhalten hilft mir. Wir machen uns täglich über so viele unsinnige Dinge Gedanken. Wie wäre es, sich täglich eine halbe Stunde mit dem Befinden des Körpers zu befassen, positive Impulse zu senden, für alles zu danken?

Die Seele ist vielen nicht mehr bewusst. Man hört noch von psychischen Erkrankungen, denkt aber nicht an die Seele. Viele Erkrankungen sind übrigens psychosomatischer Art. Also hat die Seele Probleme, die zur Erkrankung führen können. Unsere Seele gibt dem Leben Kraft, lässt mich glücklich oder traurig sein. Empathie wird von ihr gesteuert, also das gesamte Gefühlsleben. Und was ist, wenn meine Gefühle verletzt werden? Je nach Persönlichkeitsstruktur wehrt man sich oder steckt zurück und ist verletzt. Unsere Seele zeichnet auf, registriert und behält was war, gute und ungute Erinnerungen. Vieles kann man durch bewusstes Leben bereinigen. Hier ist wiederum das Gespräch mit der Seele, mit meiner Seele, nötig.

Was ist das, die Seele? Im Alten Testament *(Genesis 1:27)* wird ein schönes Bild gebraucht, um die Seele zu erklären: »Und Gott schuf den Menschen, ihm zum Bilde, und er hauchte ihm den lebendigen Odem ein, die Seele.« Dieses Bild spricht von der Verbundenheit des Menschen mit Gott und der tiefen Liebesbeziehung Gottes zum Menschen. Es ist ein Bild und es will mich daran erinnern, dass ich wertgeschätzt bin, eben von Gott, und von ihm, durch die Verbindung der Seele zu Gott, Kraft und Hoffnung fürs Leben holen kann. Das Gebet ist darum die Verbindung und zugleicht der Zugang zur »Ladestation«, der Kraftquelle für das Leben, für mein Leben!

Und der Geist, mein Verstand, der dritte Teil von mir, als was betrachte und nutze ich ihn? Dass der Verstand im Kopf sitzt, das ist jedem klar. Die Leistungsfähigkeit des Gehirns geht weit über alle bisherigen Erkenntnisse der Wissenschaft heute hinaus. Man könnte sagen, es ist ein Wahnsinn, was das Gehirn leisten kann, mein Gehirn. Leider nutzen aber viele Menschen dieses Gehirn viel zu wenig, verschaffen sich nicht den Zugang zu ihrem Eigentum! Es ist ähnlich wie bei einem Computer: Wenn er nicht programmiert wird, verfügt er nicht über die Fähigkeiten, die in ihm stecken. Wer seinen Verstand nicht nutzt, ihn nicht durch ständigen Gebrauch aufbaut und durch verschiedenste Aufgaben zunutze macht, trägt ihn zwar mit sich herum, aber was hat er dann davon? Das Leben stellt uns so viele Aufgaben. Diese können wir, wenn wir es erlernt haben, mit unserem Verstand lösen. Die Vielfalt ist gewaltig, die der Verstand des Menschen leisten kann.

Wenn die Zeiten stiller werden, sollte man sich davor hüten, den Verstand nicht zu gebrauchen. Gerade in diesen Zeiten kann es eine große Befriedigung sein, wenn die tägliche Arbeit mit dem Verstand zu Ergebnissen führt. Das Gehirn lässt sich trainieren und die Intelligenz durch geistige Impulse und Training steigern. Resignation ist negativ und dem sollte ich mich nicht hingeben. Eine Zielsetzung und der Aufbau von Tätigkeiten, bei denen ich meinen Geist verwende, sind konstruktiv und förderlich. Bewusstes Leben ist Kunst, ständiges Üben, das meint »Gespräch« mit dem Körper.

18. In Erwartung. Jeder Mensch hat seine Zeit.

Oft ist es mitten im schönen Leben, unerwartet und plötzlich und trifft völlig ahnungslose Menschen. Mit der Geburt beginnt unser irdisches Leben. Wird der Weg lang oder kurz? Wir wissen es nicht. Nur, dass wir das Beste daraus machen sollten, das wird uns gesagt. Für die antiken Griechen waren die entscheidenden Fragen: Was ist der beste Weg zum Leben? Was ist gut für mich?

Was ist gut für uns? Was fördert die Entfaltung des Menschen, sein leibliches und geistiges Wachstum?

Für uns heute werden die Gedanken an Leben und Sterben, das sich Zeit nehmen dafür, oft vernachlässigt. Wenn dann, in plötzlicher Konfrontation mit dem Tod, unsere Sinne wachgerüttelt werden, versuchen wir alles mit möglichst vielen Zeremonien zu übertünchen. Allein Gedanken daran zu verwenden, macht uns Angst. Warum? Sind Leben und Tod nicht etwas ganz Selbstverständliches? Das Leben eines kleinen Kindes begleiten wir doch auch mit Hoffnung, mit Erwartung, und das stimmt ruhig. Und der Tod? Christen dürfen Erwartungen haben, wird ihnen doch von Christus versprochen, nach dem Tod in seinem Reich zu sein. Also könnte man doch beruhigt sein.

Aber der geliebte Verstorbene fehlt uns und diesen Zustand nennen wir Schmerz. Unser Herz, wie wir sagen, will zerbrechen. Unsere Seele ist erschüttert, wir fühlen uns am Ende. Und wie viele junge Menschen gehen von uns, wie viele Eltern verzweifeln. Es geschieht täglich und immer wieder. Etwas Geliebtes zu verlieren ist sehr schmerzhaft. Alle Hoffnungen brechen weg. Die vorangegangene Zeit war dennoch nicht umsonst, durfte man doch einen geliebten Menschen erleben, im Zusammensein glücklich sein, Zuwendung erfahren. Diese Zeit war ein Geschenk!

Im Neuen Testament steht: »Leben wir, so leben wir dem Herrn. Sterben wir, so sterben wir dem Herrn. Ob wir also leben oder sterben, wir sind des Herrn.« *(Römer, 14:8)*. Aus solcher Hoffnung und solchem Glauben zu leben, das kann Ruhe im Herzen schaffen. Und aus solcher Ruhe wiederum könnten sich Gespräche ergeben, die eine gute Vorbereitung wären, das Leben zu planen und das Ende als Realität anzuerkennen. Aber wer nimmt sich die Freiheit, darüber zu sprechen? Das Wort Freiheit umfasst also einen sehr großen Bereich.

Ich bin sehr dankbar, dass ich viele Menschen, die heute tot sind, erleben durfte. Die Dankbarkeit tröstet mich. Ich durfte von diesen Menschen viel erfahren. Sie waren mir ein wertvolles Geschenk – auf Zeit. Als Folge erlebte ich, dass man loslassen muss. Mir war es früher immer wichtig, wenn eine Reise bevorstand, mich gut vorzubereiten, schon dadurch in Vorfreude zu geraten. Wie wäre es, sich auf den letzten Weg vorzubereiten, gedanklich diesen Weg zu bedenken? Nicht nur mit einer Patientenverfügung, einem Testament, dem Ausfüllen des Organausweises. Ich garantiere, dass das Leben von da an freier ist und mehr genossen werden kann, weil man bewusster lebt.

Es gibt sicher verschiedene Wege, was die Vorbereitung angeht. Als Christ darf man sich auf Worte der Bibel berufen, so z. B. auf »Die Freude am Herrn ist eure Stärke!« *(Nehemia, 8:10)* Menschen, die an Gott glauben, bekommen Kraft, auch für die Aufgaben des Lebens. Wenn das Herz Leid hat, weiß man, wo man Trost bekommt. Das Gebet gibt Kraft, auch indem ich an andere Menschen denke, für sie bete. Sicher ist mein Herz voll Traurigkeit, wenn ein geliebter Mensch getrennt wird von mir, wenn er nicht mehr für mich erreichbar ist, aber er ist dort, wo unser aller Ziel ist. Den Geliebten müssen wir loslassen, dass wir ihn auf seinem Weg nicht hindern. Was aber immer verbinden wird, das ist die Liebe, sie kennt keine Grenzen. Eine Kommunikation ist über das Gebet weiter möglich.

19. Die Freude am Sein

Wer sein Leben, wie vorbeschrieben, lebt und plant, der kann in Freiheit leben und genießen. Dem ist sein Verantwortungsbewusstsein für alles, was er tut, ganz klar. Er lebt in Respekt und Fürsorge, auch für andere Menschen und die Schöpfung. Die Teilnahme am Leben findet aktiv und bewusst statt. Leben ist Wachsen, in der Zeit sein, und bewusstes Leben schenkt die nötige Energie. Die Geschehnisse um einen herum sind nie gleichgültig, weder in der Politik noch in der Gesellschaft. Die Achtung allen Lebens steht ganz vorne. Alle sind gleich! Auch Kinder haben ein Recht auf Achtung. Und wenn ich Freude am Sein habe, dann darf dies auch sichtbar werden in der Beziehung zu anderen Menschen; ein Lächeln, ein freundlicher Gruß, alles gehört dazu.

Wenn ich mich, mein Instrument, so weit eingeübt habe, dass ich dieser Kunst nahegekommen bin, dann kann ich sagen, dass die Kunst des Lebens auf mich übergegangen ist und ich ein glücklicher Mensch bin, der sein Leben, wie es auch immer sein mag, nach bestem Wissen mit Freude erlebt. Die Eltern erziehen das Kind nach bestem Wissen und Gewissen mit Liebe; sie wollen ihm Lebensfähigkeit schenken. Wenn es aus dem Haus geht, weil neue Wege bevorstehen, Beruf, Studium usw., müssen Eltern ihr Kind, inzwischen junger Erwachsener, loslassen. Es geht nun selbstständig eigene Pfade. Wenn dieses junge Leben Dinge tut, die den Eltern unverständlich sind, so ist dies nicht mehr Elternsache.

So hat auch Gott die Menschen in die Freiheit entlassen, mit dem Wissen um die Zielsetzung. Der Mensch muss verantwortungsbewusst lernen, eigenständig Freiheit zu leben. Auch Gott führt uns nicht an einer Leine, sodass er schuld ist an unserem Verhalten, wir müssen selbst entscheiden. Was Gott dem Menschen anbietet, ist, dass durch das Gebet Kraft geschenkt wird, in allen Situationen. So kann der Mensch sein Leben in Frieden und Freiheit leben, sich immer bewusst seiner Verantwortung für sein Tun.

Voll Hoffnung

Voll Hoffnung blick ich in den neuen Tag,
auch wenn ich mancherlei zu tragen hab.
Genieße, was mir ist gegeben,
Gesundheit, Kraft und frohes Leben.

Und dann die Gaben mancherlei,
so die Natur mit all den schönen Dingen,
die Farben der Blumen und die Vögel,
die morgens schöne Lieder singen.
Da sag mal jemand, dass das nichts sei!

Auch ich gestalte froh mir meine Tage,
leiste auch Dienste für andere, keine Frage.
Und wenn mir mal alles bis zum Halse steht,
da weiß ich dann, da hilft's Gebet.

Hier, wo ich glücklich lebe,
gibt es viele Menschen, die mir helfen,
wenn ich's nicht erhebe.

Es sind die Nachbarn und viele junge Helfer,
sie sind bereit zu allen Zeiten,
meist geht's mit Freuden,
auch wenn wir – liebevoll – uns streiten.

Mein Geist ist wach, lässt mich noch viel tun,
ein gut Gewissen lässt mich ruhig ruhn.
Musik zu hören, dies auch in Erinnerung,
erfreut mein Herz, wie einst, als ich noch jung.

Langweilig jedenfalls, das ist es nie,
schon durch viel Lesen und die Philosophie.
Genieß das Leben im Tun und in Gedanken,
liebe die Menschen, bet für sie, denk ans Danken.

So kann man dann auch einstens sagen:
Schön war das Leben, gar viele haben mitgetragen.

W. F. Esch

Land zum Leben –
Grund zur Hoffnung
Schon der Zugang zu einer kleinen Fläche Land kann die Ernährung einer kleinbäuerlichen Familie sichern.
Helfen Sie mit!
Plakat-Design/Foto: Friedrich Don
Im Verbund der
Diakonie
Mitglied der
actalliance
Brot
für die Welt
Konto 500 500 500 Postbank Köln BLZ 370 100 50 www.brot-fuer-die-welt.de